幼児体育
用語辞典

日本幼児体育学会 監修

早稲田大学 教授／医学博士
前橋　明 編著

大学教育出版

は じ め に

　本書は、子どもの未来を拓く幼児体育の指導者や研究者、幼児体育に関心のあるすべての皆様に、少しでも役立てていただきたいと願って、日本幼児体育学会の先生方を中心にまとめていただいた「幼児体育の基本用語辞典」です。

　幼児体育を理解するための基本用語を掲載し、わかりやすく解説しています。つまり、幼児体育の指導実践に欠かせない用語をしっかり定義し、共通理解がもてるように心がけてみました。もちろん、体育の指導者だけでなく、幼児の運動に興味のある方、運動ボランティアや学生の皆さんにも役立つように、ていねいに編集しています。

　内容は、伝統的な用語から最新の用語まで、幼児体育に関する基本用語をしっかり掲載し、わかりやすく紹介しています。幼児体育を理解する上で、関係者が共通理解を図っておく必要がある用語について、しっかり収録していますので、きっと「幼児体育」理解に役立つことと思います。また、巻末には、付録として、幼児体育に関するトピックスやＱ＆Ａも収録しています。

　編集にあたっては、「わかりやすい構成」「具体的な幼児体育の内容から学ぶことで、多くの知識が自然と身につく構成」「幼児体育や保育・教育の指導現場ですぐに役立つ」ように配慮しました。

　幼児体育指導者や運動リーダー、ボランティアを目指す皆様にも役立つ本書を、是非ご一読ください。

2015 年 4 月

日本幼児体育学会　会長　前橋　明
（早稲田大学　教授・医学博士）

本書の特徴

「幼児体育」理解に最適な一冊、五十音順索引で引きやすい辞典にしています。

● 「幼児体育」に関連する基本的な用語の意味が理解できるように、幼児体育指導や幼児体育研究を目指す方のために企画されました。
● 幼児体育における基本的な用語の解説を実現した辞典です。幼児体育の内容を、わかりやすくコンパクトに解説するように心がけました。
● 読者の理解が少しでも深まるように、トピックスや Q ＆ A のコーナーも設け、工夫をこらしました。

凡　　例

特色

①幼児体育に関する伝統的な用語から最新の用語までを取り上げた。全項目数は410項目である。

②読者の理解が少しでも深まるように、トピックスやＱ＆Ａのコーナーを設けた。

配列

①項目は、用語、人名の２つに分類し、配列した。

②五十音順で配列した。

③外国語項目は、カタカナ表記で配列した。

④促音・拗音は一字と見なした。また、長音は母音と見なした。

　　例：シーソー（しいそう）

項目

①用語には英文を併記した。

②遊具に関する項目には、図版を挿入した。

③執筆者名は、末項に（　　）で囲んで示した。

④外国人名には、（　　）内に生没年を付した。

⑤外国語の略語がある場合は、（　　）に囲んで示した。

索引

①索引は、すべての用語を五十音順に並べ、総目次としての意味をもつように作成した。

文献

①用語について、さらに理解を深める手助けとなる書籍を、執筆者が選定し、文献として掲げた。

　　例：〔前橋　明：元気な子どもを育てる幼児体育，保育出版社，2015.〕

　　例：〔スポーツ六法編集委員会編：スポーツ六法，道和書院，pp.115-117，2003.〕

②引用文献には、著者・編者名：タイトル，出版社，ページ，出版年．を明記した。

幼児体育基本用語

■幼児体育 （physical education of young children）

　幼児の「体育」を、幼児のための身体活動を通しての教育として捉えると、「幼児体育」は、各種の身体運動（運動あそび、ゲーム、スポーツごっこ、リトミック、ダンス等）を通して、教育的角度から指導を展開し、運動欲求の満足と身体の諸機能の調和的発達を図るとともに、知的、精神的、情緒的発達を促し、社会性を身につけさせ、心身ともに健全な人間に育てていこうとする教育である。

　また、体育が教育である以上、そのプロセスには、系統化と構造化が必要である。つまり、幼児の実態を知り、指導の目標を立て、学習内容を構造化して、指導方法を工夫・検討し、その結果を評価し、今後の資料としていくことが必要である。そして、指導は、体育あそびが中心となるので、健康・安全管理の配慮のもとに展開されることが重要である。（前橋）

■ 幼児体育の目的 （purpose of physical education of young children）

　幼児体育では、運動あそびをすることで運動技術面の向上のみをねらうのではなく、「がんばってできるようになった」という達成感や満足感を自信につなげていくような「感動体験の場」をもたせることをねらう。

　幼児体育で大切なことは、運動の実践を通して、運動技能の向上を図ることを主目的とするのではなく、「幼児がどのような心の動きを体験したか」「どのような気持ちを体験したか」という「心の動き」の体験の場をもたせることが最優先とされなければならない。つまり、心の状態をつくりあげるためにからだを動かすと考えていきたい。

　そのためには、次の３つをねらいとしたい。①自分で課題をみつけ、自ら考え、主体的に判断して行動していく意欲と強い意志力を育てる。②他者と協調し、友だちを思いやる心や感動する心がもてる豊かな人間性を育てる。③健康生活を実践できる体力や運動スキルを身につけさせる。（前橋）

■幼児体育指導の方針
（a policy of the physical education of young children instruction）

　指導においては、自発的な運動を展開させることは大切であるが、運動環境の隠れた危険性や状態の移り変わりの十分な理解と安全への配慮が必要である。あそびの環境を設定して見守っていても、子どもが器具や用具の正しい使い方を知らなければ、事故に結びつく。つまり、教えなければならないことも非常に多いのである。ただ、子どもたちを運動環境へ放つだけでは問題があり、指導者が子どもたちに教えなければならないことも多いという認識をもたねばならない。

　したがって、子どもたちが自発的に運動を展開していくためには、まず、基本とな

る運動の仕方を、実際に紹介する必要がある。そして、子どもたちが自発的に運動を展開したり、バリエーションを考え出したりして、運動を発展させるきっかけをつかんだら、指導者は、できるだけ早い時期に主導権を子ども側に移行していくという基本方針をもつことが大切である。

さらに、体育指導の場において、人の話を真剣に聞く態度を身につける体験をもたせていくことと、そのマナーについても、場面をとらえて指導することが必要であろう。(前橋)

■幼児体育の指導内容 (instruction contents of physical education of young children)

わが国の幼児体育の指導内容は、小学校体育の指導内容を参考にして、構成が考えられてきた経緯があり、これまで、歩・走・跳の運動、模倣の運動、リズム運動、体力づくりの運動(体操を含む)、用具を使った運動(ボール運動、縄を使っての運動、輪を使っての運動、廃材を使っての運動、タイヤを使っての運動など)、移動遊具を使っての運動(平均台運動、マット運動、跳び箱運動、トランポリン運動など)、固定遊具での運動(つり縄運動、登り棒運動、ブランコ運動、すべり台での運動、鉄棒運動、ジャングルジムでの運動など)、集団あそび・運動ゲーム(鬼あそび、スポーツごっこ)、水あそび・水泳、サーキットあそび、雪あそび等が主な内容として紹介されている。また、四季の特徴を大切にしながら、月ごとに運動例をとりあげて紹介されているものも多い。

また、わが国の幼児体育の指導内容は、昭和時代の終わり頃から、少しずつ、アメリカの初等体育の運動発達理論の影響を受けて、吟味されてきている。具体的には、基本的運動スキルや知覚運動スキル、動きの探究、リズム、体操、簡易ゲーム、水あそび・水泳、健康・体力づくり活動から成っている。これらの内容を取り扱って、幼児体育の目的を達成し、人生の中で生きていくスキルを発展させることができる。つまり、多様な基本的運動スキルや知覚運動スキル、動きの探究、リズム、体操、簡易ゲーム、水あそび・水泳、健康・体力づくり活動は、幼児体育の目的を達成し、人生の中で生きていくスキルを発展させるために役立つ領域だと考える。(前橋)

■幼児体育指導法 (the teaching method of physical education of young children)

幼児の体育指導は、まず、指導者のもつ子ども観から始まり、これが具体的なレベルに引き下ろされ、展開されていくものである。そこには、指導者自身の個性や経験が反映されていくものであり、対象児によって、指導方法や働きかけが異なったものになるのは当然である。

指導法では、まず、指導者からの意図的な働きかけの中で、①直接行動の指標を示す指導(しつけ的な働きかけ)がある。この指導は、価値観を含んだ内容が、指導者から、直接に示される。とくに、あそびや運動のルールや安全上のきまりに関するものが多い。これにより、子どもは活動がしやすくなるといえる。ただ、内容や状況により、考えさせる指導と、どちらがふさわしいかを選択するか、組み合わせるかして

用いる必要がある。

　次に、②子どもたちに考えさせる指導がある。この指導により、指導者が一方的に行為の方向性や善し悪しを示すのではなく、とり上げられている運動や課題を子どもたち自身のこととして受け止めさせることができる。ただし、対象児に、この指導が可能な発達レベルかどうかは見極めることが必要であろう。（前橋）

■幼児体育指導のポイント

（points of the physical education of young children instruction）

　幼児にとって、発達理論の伴わない技術面に偏った運動経験は、早期から運動に対する好き嫌いをはっきりさせる恐れがある。そこで、運動場面における指導のポイントを5つ紹介しておく。

①　動面でルール性に富んだものを早くからさせすぎたり、競争的立場を早くから強く経験させすぎたりしないこと。

②　指示に従うのみで、与えられたことだけできるような子どもを期待せず、運動の方法や遊び方を工夫したり、創造したりする自発性づくりに目を向けること。

③　特定の運動をさせるよりは、いろいろな運動を体験させ、運動に親しみ、楽しく活動させること。中でも、歩くことは「運動の基本」、走ることは「運動の主役」である点をおさえ、歩く・走るという経験をしっかりもたせたい。幼児期の発達課題としての運動のパターンは数多くあり、1つのパターンには、様々なバリエーションが存在するので、そういう意味からも、できるだけ多くのパターンとバリエーションを経験させることが大切である。

④　今日の子どもの生活状態を考えると、幼児期には、もっと「からだづくり」のことを考えていかねばならない。

⑤　戸外での運動あそびを奨励し、室内だけでなく、自然の中や太陽光線の下で、多くの仲間とかかわりながら、しっかり運動させることと、集団で遊ぶ楽しさを伝えていくことが大切である。（前橋）

■ あ ■

■握力（grip strength）

　物を握りしめる力。全身筋力との相関が高く、子どもから高齢者まで広い年齢層にわたって最大筋力を測定することができるため、体力測定項目に取り上げられる。握力を測るには、握力計を使用する。握力を高めるためには、ハンドグリッパーのような器具を使う方法や腕立て伏せ等がある。（生形）

【文部省：新体力テスト－有意義な活用のために，ぎょうせい，2000.】

■アザラシ（earless seal）

　うつ伏せの姿勢から腕を伸ばして上体を起こし、腕だけで進むアザラシの模倣運動のこと。（永井）

■足かけ後まわり

（taking a foot and turning around backward）

　鉄棒で腕支持の姿勢から、片足を両腕の中にかけ、上体を勢いよく後方へ倒し、鉄棒を軸として回転する運動。（永井）

■足かけ前まわり

（taking a foot and turning around forward）

　鉄棒で腕支持の姿勢から、片足を両腕の中にかけて鉄棒を逆手で握り、そのまま上体を勢いよく前へ倒し、鉄棒を軸として回転する運動。（永井）

■足ジャンケン

（the game of paper, stone and scissors on foot）

　両足を揃えてグー（石）、前後に開いてチョキ（はさみ）、左右に開いてパー（紙）、の3パターンを、「ジャンケン・ポイ」のポイに合わせて表現し、勝敗を決める。グーはチョキに勝ち、チョキはパーに勝ち、パーはグーに勝つあそび。（永井）

■足ぬきまわり

（turning around through a foot）

　鉄棒を順手で肩幅くらいに握り、しゃがんだ姿勢から腕の間に両足を通し、後方へ回転する。後方へ回転後、前方へ戻ることもある。（永井）

■汗（sweat）

　汗とは、哺乳類が皮膚の汗腺から分泌する液体で、約99％が水である。人間において、汗は、体温調節の手段でもある。

　幼児の平熱は、大人よりやや高く、また、単位面積あたりの汗腺の数が多いので、汗をよくかく。そのため、肌着は、吸水性や通気性のよいものを着るように指導するとよい。また、運動後に汗が冷えると身体を冷やすので、運動時にはタオルとともに、肌着の着替えを持参するように指導するとよい。（前橋）

■あそび（play）

　自由の感覚を喜び、楽しむ活動や経験で、この活動を通して、自分が自由な存在であり、すべては自律性をもった存在であることを確認しながら、様々な自分の能力を開発し、高めていくことのできる活動である。あそびは、創意工夫や応用力、自発性や積極性を育てる。自然の中でのあそびは、生き物や植物の生命の不思議さを知り、土や水、風に身をさらすことによって、感性も豊かになっていく。友だちや自然との交わりの中で、たっぷり遊んだあとは、食事がおいしく、熟睡する。あそびは、心身ともに健康に育つための「ビタミン」である。

　ちなみに、**運動あそび**とは、大筋肉活

動を中心とした運動量のあるあそびで、その動きによって心拍数が高まり、血液循環や新陳代謝がよくなる効用がある。また、**体育あそび**とは、教育的目標達成のため、社会的な面や精神的な面、知的な面を考慮に入れた体育教育的営みのある運動あそびのことである。(前橋)

■**あそびの効用** (effect of the play)

近所から子どもたちの遊ぶ元気な声が聞かれなくなってから久しい。子どもが遊ばなくなったのはサンマ（三間）がないからだ。塾やおけいこごとで遊ぶ時間や仲間がなく、遊ぶ空間も少ない。あそびは、人間関係の取り結び方を学ぶ大切な場である。年上の子、年下の子、気の強い子、おとなしい子などといっしょに遊ぶ中で、筋力や調整力のほか、社会性や協調性を身につけ、折り合いのつけ方や仲裁の術も知るようになる。「遊ぶのは大学に入ってからにしなさい」という親がいる。だが、子どもの成長過程で、その時々に欠かせない体験というものがある。それをさせていくことが、大切なのだ。大学に入ってから遊ぶのでは、その子の人間的発達に、ひずみが生じかねない。(中嶋)

■**あそびの発達**

(the development of the play)

乳児は、自分の手足を動かして遊ぶ。物をつかんだり、はなしたり、ガラガラを振ったり、積み木を積んだり崩したり、単純な動きを楽しむ。これを「感覚運動あそび」という。2歳くらいになると、抽象的な能力が発達してくる。「ごっこあそび」のように、いろいろなものに見立てて遊ぶようになる。猫や犬になって這い回ったり、○○マンや△△ライダー等のヒーローになって闘いごっこをしたり、飛行機になったつもりで両手を広げて走り回ったりする。これを「象徴あそび」という。象徴あそびは、初めは個人のレベルにとどまっているが、4歳くらいになるとイメージを共有することができるようになり、集団的な象徴あそびが行われるようになる。また、4・5歳になってあそびの中にルールが入ってくるのと同じ頃、競争的なあそびが行われるようになる。さらに、ルールを理解し、それを守れるようになると「かくれんぼ」や「鬼ごっこ」といったゲームあそびが出現してくる。(中嶋)

【杉原　隆：新版幼児の体育，建帛社，2000.】

■**R形うんてい**

(R character overhead ladder)

弓形の運梯で、バーにぶら下がって、からだの向きを変えながら渡る遊具。

ぶら下がって伝い移動をすることによって、筋力やリズム感、持久力を養うとともに、空間認知能力を高める。(前橋、ジャクエツ)

■**安全管理** (safety management)

体育事業の提供の際に、対象者のために事故を防止し、安全を確保し、また、万一事故発生の場合は損害を最小限にするよう応急対処をし、さらに発生した損害にできる限りの補償や賠償をすること

を目的とする活動である。スポーツ事故の要因には、スポーツをする人自身の要因、施設や用具などの物的要因、スポーツ活動の指導の要因、スポーツ活動に内在する要因などがあり、安全管理の内容も対人管理と対物管理に大別される。

これらの管理活動が計画的・組織的に実施されることが、幼児に豊かな運動を提供するための基礎となる。（森）
【スポーツ六法編集委員会編：スポーツ六法，道和書院，pp.115-117，2003.】

■**安全教育**（safety education）

安全管理の中の対人管理において、安全のための監督とともに重要な要素である。安全教育は、運動する幼児に対して、安全な活動の仕方を指導することであり、幼児自身が安全確保のために行動できるようにすることではない。対象の「人」には、運動をする幼児、保護者、指導者の3種類がある。内容としては、運動をする人に対しては、自分の安全確保のための適切な服装、体調管理、施設や用具などの安全な利用法、事故発生の場合の対処の仕方や、他者の安全確保のためのルールやマナーの遵守、応急処置の仕方など、保護者に対しては子どもの体調や服装の確認、ルールやマナーの遵守を注意してもらうこと等、指導者に対しては被指導者の安全のための適切な指導と監督の仕方などがあり、これら安全教育が計画的・組織的に行われることが大切である。（森）
【伊藤　堯ほか：スポーツ事故ハンドブック，道和書院，pp.205-212，2000.】

■**安全点検**（safety inspection）

本来、備えるべき施設や用具などの安全性を確かめること。それによって、補修や使用規制、または更新につながって

いく。体育活動において、施設や用具は基礎的なものであり、その設置や管理についての安全性の確保は、安全管理の中の対物管理における重要な部分である。安全点検は、いつ・どこで・誰が・何を・どのように確かめ、いかにその結果を活用するかが計画的・組織的に行われることが必要である。（森）
【内田　貴：民法 II，pp.470-475，東京大学出版会，2004.】

■ **い** ■

■**いじめ**（bulling）

特定の個人を、複数あるいはグループで攻撃したり、嫌がらせをしたりする現象。社会的な攻撃行動の一つ。（前橋）

■**一輪車**（unicycle, monocycle）

ペダルを直結させた一つの車輪に、フレームとサドル（座面）を付けたもの。バランスをとりながら乗るのが大変難しい。（永井）

■**移動系運動スキル**（locomotor skill）

歩く、走る、這う、跳ぶ、スキップする、泳ぐ等、ある場所から他の場所へ動く技術をいう。（前橋）

■ **う** ■

■**浮き指**（floating finger）

立った時に地面につかない足趾が、現代の小児に増えており、原因として、かかと接地から親指で蹴りだす歩き方ができていないこと、靴を引きずって歩くことで、指先に体重をかけず、かかと荷重で立つ、歩くため、無意識に指先を浮かせることがあげられる。靴を正しく履き、正しく歩く・走ることを習慣づけることで、改善が可能である。（吉村）

■動きの形成 (shaping of a motor skill)

　動きの形成（動きつくり）には、①ぎこちなく無駄な力が入っている動きを流れるようなすっきりとした動きに修正すること（動きの修正）と、②できない動きをできるようにしたり、新しい動きを創作すること（動きの創造）の2つが含まれる。動きの修正では、欠点のある運動を反復的に遂行していく中で運動経過から徐々に余分な動きが取り除かれ、運動範囲の過剰が縮小され、角のない、流れるような、弾みのある動きへと変化していく。（森）

【朝岡正雄：スポーツ運動学序説，不昧堂出版，pp.215-216，1999.】

■動きの習得 (acquisition of motor skill)

　動物の運動は、その大部分が生得的であり、その発現は遺伝的因子と発達に制約されている。さらに、動物も人間もすでに身についている運動を遂行している時に偶然新しい運動が発生し、それを何度も繰り返すうちに新しい運動を身につけることができる。これに対して、模倣を通して正確に新しい動きを身につけることができるのは、人間だけである。この動きの模倣能力をさらに発展させて、人間は表象を通して新しい動きを頭の中で構成し、それをイメージの中で遂行することによって、まだできない運動ができるようになるという能力をもっている。（森）

【朝岡正雄：スポーツ運動学序説，不昧堂出版，pp.212-214，1999.】

■動きの探究 (movement exploration)

　動きの中で使用する身体部分の理解（頭や腕、手、脚、足のような基本的な身体部位の名称や位置の見極め）をしたり、自己の空間の維持を通して、身体をとりまく空間における動きの可能性を知ることを指す。具体的には、空間を使って、安全に効率よく動くこと。いろいろな方法で動いているときに、人や物に関して、自己コントロールできるようにする。動いているときの空間や方向についての概念では、前後、上下、横方向への移動を重視する。静止した状態で、異なった身体部分でのバランスのとり方を発見する等が内容である。（前橋）

■腕支持 (arm support)

　腕・肘を伸ばしてからだを支えること。（永井）

■うんてい (overhead ladder)

　固定遊具の一つで、金属製でできたはしご状のもの。ぶら下がって移動することで上体の筋力だけではなく、全身の筋力を高め、リズム感や持久力も養う。子どもたちのからだに、比較的強い負荷をかける運動を生み出す遊具であるが、何より子どもたちの「挑戦する」というチャレンジ精神に働きかける遊具である。（永井、前橋）

■運動あそび (exercise and play)

　子どもたちが全身を使って思い切って動き回るあそびのこと。運動あそび体験の積み重ねによって、基礎的な運動能力が発達するとともに、調整力も高めることができる。身体の成長や呼吸・循環器系の発達が促進される。また、「自分でやってみよう」「できるまで頑張る」「○○ちゃんのように上手になりたい」等、運動あそびを通して、自立心、忍耐力、創造力、向上心などを養うことができる。また、あそびを通してルールを守ることを理解し、役割を果たすことによって望ましい人間関係を作り上げていくことができる。また、遊具の正しい使い方

や後片づけの習慣をも身につけることもできる。(中嶋)

■運動会（undo-kai, athletic meeting）

運動会は、子どもたちの成長を促す大きな行事の一つである。運動会は、演技や競争が公開の場で行われるため、運動することと認められることが直接的であり、保護者にとって、わが子の成長を集団の中で確認できる機会である。子どもたちにとっては、自分の可能性を実感するとともに、自分が家族に見守られ、大切に思われているのだということを具体的に知るときでもある。運動会というと、みんな同じようにしようとして、今できることを揃えようとしがちになる。中には、順位の差の出る「かけっこ」を廃止するという見当違いもみられるようになってきた。大切なのは、横一線に並ばせることではなく、育ちや伸び方は子どもによって違うことを理解し、一人ひとりを評価することである。運動会は発表会ではなく、保育の延長、発展したものである。一人ひとりの子どもの成長のためのきっかけづくりとして計画・運営し、参加者みんなが認め合い、子どもの成長を喜び合ってもらいたい。(中嶋)

■運動学習適時性

（timing of motor learning）

運動の学習において、効率よく学習できる適した時期のこと。

幼児期から10歳頃までに、平衡性や敏捷性、巧緻性などの調整力の獲得に適時性があるといえる。小学校4年生位までは、様々な身のこなしの習得、高学年は動きの洗練から、次第に持久的運動へ進めるとよい。中学校期には、からだの発育に身のこなしを適応させることと、持久的能力を高めること。そして、高等

学校期では、持久的運動と並行して、筋力を高めていくような発達的特徴に対応した運動が必要となろう。(前橋)

■運動感覚（sense of motor）

自分のからだの各部が、どんな運動をしているかを認知できる感覚。(前橋)

■運動着（sports clothes, sportswear）

運動やスポーツをするときに着用する服で、広く体操服とも呼ばれている。身体のサイズに合った動きやすいもの、伸縮性や吸湿透湿性に富んだものが使いやすい。(前橋)

■運動機能の発達特徴

（featuring the development of movement skill）

乳児期の運動発達では、神経組織の発育・発達が中心となり、とりわけ、髄鞘の発育が急速に成就され、大きく関与してくる。したがって、運動機能の発達は、以下の3つの特徴が考えられる。

①上部から下肢の方へと、機能の発達が移っていく。②身体の中枢部から末梢部へと、運動が進んでいく。③大きな筋肉を使った粗大な運動しかできない時期から、次第に分化して、小さな筋肉を巧みに使える微細運動や協調運動が可能となり、随意運動ができるようになる。(前橋)

■運動靴（sports shoes, sneakers）

運動やスポーツ、作業などをするときに、安全に、かつ、効率よく動けるように考案された靴で、足の長さや幅に合ったものがおすすめである。足より小さくてきついサイズや、逆に大きすぎて動きにくい靴は、足のためにはよくない。(前橋)

幼児の運動靴の最低条件は、甲の部分でしっかり足を固定できるマジックテー

プのついていることである。（吉村）

■運動の役割
（role of the movement experience）

運動は、幼児のからだに発育刺激を与えることができるとともに、協応性や平衡性、柔軟性、敏捷性、リズム、スピード、筋力、持久力、瞬発力などの調和のとれた体力を養い、空間での方位性や左右性をも確立していくことができる。つまり、運動は、からだのバランスと安定性の向上を図り、からだの各運動相互の協調を増し、全体的・部分的な種々の協応動作の統制を図ることができる。そして、からだの均整が保たれ、筋肉の協同運動が合理的に行われるようになると、運動の正確さやスピードも高められ、無益なエネルギーの消費を行わないようになる。このように、基礎的運動能力を身につけ、エネルギー節約の方法を習得できるようになる。（前橋）

■運動の効果 （effect of the exercise）

適度な運動実践は、身体的発育を促進する。すなわち、運動は、生体内の代謝を高め、血液循環を促進し、その結果として、心臓や肺臓、消化器などの内臓の働きがよくなるだけでなく、骨や筋肉の発育を助長していく。筋肉は、運動によって徐々にその太さを増し、それに比例して力も強くなる。逆に、筋肉を使わないと、廃用性萎縮といって、筋肉が細くなり、力も弱くなる。

また、運動をくり返すことによって、外界に対する適応力が身につき、皮膚も鍛えられ、寒さに強く、カゼをひきにくい体質づくりにもつながる。そして、寒さや暑さに対する抵抗力を高め、からだの適応能力を向上させ、健康づくりにも大いに役立つ。（前橋）

■運動場 （園庭）（a playground）

からだを使った活動や遊ぶために必要な設備を備えた一定の場所。（永井）

幼稚園や保育所などの運動場や庭。（廣中）

■運動による治療的効果
（remedial effect by the exercise）

様々なタイプの運動障害が起こってくるのは、脳から調和のとれた命令が流れない・受け取れないためである。運動障害の治療の目標を、運動パターンや動作、または、運動機能の回復におき、その状態に応じた身体活動をさせることによって、日常における運動を組み立てている諸因子（視覚、知覚、運動感覚、筋肉）の調和を図ることができるようになる。機能の悪さは、幼児が一人で生活できる能力やあそびを楽しむ能力を奪ったり、抑制したりする。そこで、正常で効率的な活動パターンを、運動あそびや運動の実践の中で学んでいくことによって、幼児は能力に見合う要求を満たすことができるようになる。また、言葉を発しない障がい児は、思考や感情を十分に表現できないので、種々の運動を用いると、感情の解放を図ることができる。（前橋）

■運動能力 （motor ability）

運動能力とは、全身の機能、とくに神経・感覚機能と筋機能の総合構成した能力である。また、基礎的運動能力として、走力や跳力の伸びがはやく、とくに3歳〜5歳では、その動きが大きい。なかでも、走る運動は、全身運動であるため、筋力や心肺機能（循環機能）の発達と関係が深く、跳躍運動は、瞬発的に大きな脚の筋力によって行われる運動であるから、その跳躍距離の長短は腕の振りと脚の伸展の協応力とも関係が深い。跳

躍距離に関しては、6歳児になると、脚の筋力の発達と協応動作の発達により、3歳児の2倍近くの距離を跳べるようになる。投げる運動では、大きな腕の力や手首の力があっても、手からボールを離すタイミングを誤ると、距離は伸びない。とくに、オーバースローによる距離投げの場合は、脚から手首まで、力を順に伝達し、その力をボールにかけるようにする必要がある。オーバースローによるボール投げは、4歳半以後からは、男児の方の発達が女児に比べて大きくなる。懸垂運動は、筋の持久性はもとより、運動を続けようという意志力にも影響を受ける。(前橋)

■運動能力構造
(structure of motor ability)

運動能力の構造は、基礎的運動要因、基礎的運動能力、運動技能でとらえられる。基礎的運動要因は、筋力、持久力、瞬発力、敏捷性、柔軟性、平衡性などの運動能力の基礎となる身体の機能であり、体力の基礎的要因ともいわれる。基礎的運動能力は、走る、跳ぶ、投げる、歩く、泳ぐ、蹴る等、身体機能に支援された基本的な身体運動であり、様々なスポーツや運動、日常活動の基礎となる運動である。運動技能は、日常の生活や運動、様々なスポーツに必要な技能であり、それぞれの運動経験により獲得できるものである。(森)
【野口義之・日丸哲也・永田晟編：体育の測定・評価，第一法規出版，1991.】

■運動能力テスト (motor ability test)

からだを動かす能力を測定すること。昭和39年に「スポーツテスト」として実施されたのが始まりで、当初は、12〜29歳を対象に、50m走、走り幅と

び、ハンドボール投げ、懸垂腕屈伸(斜懸垂)、持久走(1500、1,000m)が測定された。その後、10・11歳を対象に「小学校スポーツテスト」、30〜59歳を対象に「壮年体力テスト」、そして、昭和58年には基礎的な運動能力を評価し、自ら進んでいろいろな運動に親しむことをねらいとする「小学校低・中学年運動能力テスト」が加わった。(生形)
【文部省：新体力テスト−有意義な活用のために，ぎょうせい，2000.】

■運動の楽しさ
(pleasure of the exercise)

からだをのびのびと動かすことは、とても気持ちがよく、楽しいことである。このからだを動かす楽しさが、自分の力を試したり、自然に親しんだりすることと結びつくと、いっそう豊かなものになり、運動の楽しさに発展する。運動には、

からだづくり運動の特性	からだの調子を整えたり、体力を高めたりする。
	からだほぐし運動：身体の調子を整えたり、仲間と交流したりする。
	体力を高める運動：身体のやわらかさ、たくみな動き、力強い動き、動きを持続する能力を高める。
スポーツの特性	挑戦の欲求を満たす。
	かけっこ・リレー・ボール運動：相手に挑戦し、競争する。
	鉄棒・マット・跳び箱・水泳(水あそび)：技や記録に挑戦し、達成する。
	野外活動：自然に親しんだり、挑戦したりする。
ダンスの特性	模倣・表現の欲求を満たす。
	表現：感情や思い等を表現したり、共感したりする。
	ダンス：リズムにのって踊ったり、リズムの楽しさを分かち合ったりする。

それぞれの特徴があり、これを運動の特性という。運動の特性を「どんな楽しさを味わえるのか」という観点でとらえると、身体づくり運動、スポーツ、ダンスに分類してみることができる。(中嶋)

■**運動不足**(lack of exercise)

運動不足の原因として、①子ども人口の減少、②自動車の普及、③家事労働の減少、④室内娯楽の普及、⑤冷暖房の普及、⑥受験戦争の激化、⑦子どもに対する犯罪の増加などがある。その結果、子どもたちから運動量(大筋肉活動)を極端に減少させ、運動不足病として、肥満や体力の低下を引き起こした。運動不足は、ストレスの増大、精神・心理的不調など、心の働きにも大きな影響をもたらしている。(森)

【村田光範:小児期の運動と栄養,臨床スポーツ医学 14(3),p.252,1997.】

■ **え** ■

■**園外保育**(outdoor activities)

園ではできなかったり、味わいにくい経験を園外の場で行う保育をいう。具体的には、動物園や水族館、自然のある施設などへの遠足(親が同伴の場合もある、時には宿泊保育も含まれる)や日常的な保育の一環として、園周辺の散歩、近隣公園や神社でのあそび、畑の栽培活動、消防署や小学校の見学、老人施設への訪問などがある。園外保育は、園内の保育とは違って、遠くへ出かけたり、園から少し離れるだけで、子どもにとっては楽しみな日である。仲間といっしょに体験する四季折々の自然、様々な人や施設との出会いによって、好奇心や冒険心がかきたてられる。(鍛治)

【榎沢良彦ほか:保育内容 健康,建帛社,p.172,2006.】

■**円盤渡りⅠ**(dsik passes Ⅰ)

1本ロープで吊った不安定な円盤の上を、ロープにつかまり渡る固定遊具。

ロープにつかまり、不安定な円盤上を渡っていくことにより、平衡性や巧緻性、協応性、筋力を養うとともに、空間認知能力や身体の調整力が鍛えられる。(前橋、ジャクエツ)

■**円盤渡りⅡ**(dsik passes Ⅱ)

小刻みに前後する円盤を敷き詰めた通路を渡って楽しむ固定遊具。

不安定な円盤の通路を渡っていくことにより、平衡性や巧緻性、リズム感を養い、移動系運動スキル(渡る)や平衡系運動スキルを身につける。

固定された手摺りを持って移動することにより、スムーズに移動するための各身体部位にかける力加減の仕方を学んでいく。（前橋、ジャクエツ）

■ お ■

■お芋ごろごろ（a potato ramblingly）
横臥（寝る）姿勢のまま、横方向へ転がる運動のこと。（永井）

■応急処置（first-aid treatment）
運動中にケガをしたり、倒れた場合、医師の診療を受けるまでの間に行われる応急手当のことであり、処置が適正であれば、生命を救うことができ、疼痛や障害の程度を軽減し、その後の回復や治癒を早めることもできる。子どもの状態の変化は早いので、急激に悪化しやすいが、回復も早い。

具体的には、①観察する。子どもをよく観察し、話しかけ、触れてみて、局所だけでなく、全身状態を観察する。②生命の危険な兆候をとらえる。心臓停止（脈が触れない）、呼吸停止（胸やお腹が動かない、または、口のそばに手を当てても暖かい息を感じない）、大出血、誤嚥（気管になにかを詰まらせる）のときは、生命の危険を伴うので、救急車を呼ぶと同時に、直ちに救命処置を行う。③子どもを安心させる。幼児は、苦痛や処置に対する恐怖心を抱き、精神状態が不安定になりやすいので、指導者は、幼児本人にも、まわりの子どもに対しても、あわてないで、落ち着いた態度で対応し、信頼感を得るようにする。子どもの目線と同じ高さで、わかりやすく優しい言葉で話しかけて安心させる。④適切な体位をとらせて、保温に努める。状態や傷に応じて、良い姿勢を保つようにする。保温に努めて、体力を低下させないようにする。（前橋）

■応急対応
（emergency correspondence）
幼児に、病気が発症したり、ケガをしたときの緊急的な対応のことで、子どもの傍についている人と、応急処置用具を準備したり、保護者や病院へ連絡する人と、最低２人以上の大人が必要である。（前橋）

■遅寝遅起きの体温リズム
（temperature rhythm of late to bed and late to rise）
生活が遅寝・遅起きで夜型化している子どもの体温リズムは、普通の体温リズムから数時間後ろへずれ込んでいる。朝は、本来なら眠っているときの体温で起こされて活動を開始しなければならないため、からだが目覚めず、体温は低く、動きは鈍くなっている。逆に、夜になっても、体温が高いため、なかなか寝つけないという悪循環になっている。このズレた体温リズムを、もとにもどす有効な方法例は、①朝、太陽の陽光を浴びることと、②日中にしっかり運動をすることである。（前橋）

■お手玉（bean bag）
小さな豆や米、ビーズ等を袋をに入れたもの。ほど良く握れる布製の玉袋。（永井）

■鬼あそび（play of fiend）
鬼は、もともと邪魔なもの、災難などを意味するものであり、鬼あそびは、その邪魔なものから逃げるという発想に由来している。子どもたちは、その邪魔な怖いものに大きな興味を示し、からかったり、近づいたりして捕まるか、捕まらないかのスリルを味わう。また、鬼あ

そびは、鬼になる子もその他の子も、みんなで走ることを主体としたあそびなので、急に走ったり止まったり、敏捷にからだをかわしたりする等、走力やからだの操作技能、あるいは、直感的な判断力や敏捷性が養われる。さらに、鬼と自分との距離感や逃げる方向や方法を見極める能力、そして、速度感も養うことができる。鬼あそびの種類は、非常に多く、ルールも簡単なものから複雑なものまであり、子どもたちの発達段階に応じて古くから親しまれてきた。また、場所が変われば、同じ形式のものであっても、ルールや呼び名が違うものもある。形態としては、鬼と子の役割の変化・交代の状態によって、(1) 1人鬼型、(2) 増やし鬼型、(3) ため鬼型、(4)助け鬼型と、大きく4つの型に分けることができる。（鍛治）

■鬼ごっこ（tag）

鬼役になった子どもが、鬼のまねをして（鬼になったようにして）、他の子どもたちを追いかけてつかまえる。つかまった子どもが次の鬼となり、繰り返し行われるごっこあそび。鬼あそび・鬼渡しともいう。（永井）

■オペレッタ（operetta）

小さいオペラの意であり、喜歌劇あるいは軽歌劇とも言われる。フランスのオッフェンバック（Offenbach, 1819-1880）による「天国と地獄」（1858年初演）、オーストラリアのレハール（Lehar, F. 1870-1948）による「メリー・ウィドー1905年初演」がよく知られている。時代の流れにそって、大衆性やショー的要素が大きくなるが、後年ミュージカルの影響を受けて、さらにその要素が強められた。保育の場では、音楽劇、言語劇、

舞踊劇の総合的表現活動として、発表会をはじめとする諸行事で取り上げているところが多い。行事のための特別な活動ではなく、日常の劇あそびや歌あそび等の発展として行われることが望ましい。（松原）
【大阪克之監修：感性を育む表現教育，コレール社，1997】

■親子ふれあい体操

(contact exercises of a parent and the child)

親子のコミュニケーションや体力づくりはもちろん、子どもの基礎代謝を上げたり、体温を調節したり、脳・神経系の働きを活発にする等、からだだけでなく、心の発達をも目指した、親子で行う体操である。

また、子どもの居場所づくりにもつながる生活基盤となる健康的な運動をいう。（前橋）

■お遊戯（game）

幼稚園・小学校などで、運動や社会性の習得を目的として行う集団的なあそびや踊り。（廣中）

■音楽療法（music therapy）

広義には、様々な疾患や障害などの治療に音楽を用いることであり、狭義には、音楽による心理療法である。日本音楽療法学会では、「音楽のもつ生理的、心理的、社会的働きを用いて、心身の障害の回復、機能の維持改善、生活の質の向上、行動の変容などに向けて音楽を意図的、計画的に使用することをさす」と、定義している。音楽療法は、聴くこと、演奏すること、歌うことの3つのジャンルがある。古来より、音楽が心理的治療効果をもつことはよく知られており、人間の情緒や生理的に影響し、心身のリラ

クゼーションやカタルシス効果をもたらすこと、治療的コミュニケーションの手段となることがわかっている。わが国では、戦後、自閉症をはじめとする発達障がい児のリトミック、知的障がい者の心理療法、高齢者のケア等に用いられてきた。近年、ようやくわが国においても音楽療法の心理的ケアの有用性が注目され、現在、適用が拡大している芸術療法の一分野である。（松原）
【村井靖児：音楽療法の基礎．音楽之友社．1995.】

■ か ■

■開脚とび（a split is blown off）
　跳び箱に両手をつき、脚を開いて跳びこす運動。（永井）

■回旋塔（rotation tower）
　固定遊具の一つで、固定した柱の上から円錐形の骨組みを取り付けたもので、それにつかまり、ぶら下がったり、柱のまわりを回転したりして遊べる遊具。（永井）

■回転ジャングル（the rotary jungle）
　固定遊具の一つで、金属製でできたはしご状の囲いの中心に太い柱があり、柱を中心に囲いが回旋する遊具。（永井）

■外傷処置（traumatic measures）
　切り傷や擦り傷などの外傷の処置と対処の方法のこと。
　切り傷や擦り傷の場合には、傷口を水道水で洗い流した後に、救急絆創膏をはり、傷口からの感染を防ぐようにする。傷が深い場合や釘やガラス等が刺さった場合は、皮膚の中に汚れやサビ、ガラス片などが残り、感染を引き起こすことがあるので、受傷した直後は血液を押し出すようにして洗い流し、清潔なガーゼを

当てて止血する。あわせて、外科受診をすすめる。出血している場合は、傷口を清潔なガーゼかハンカチで押さえて強く圧迫する。出血が止まりにくい場合は、傷口から心臓に近い方の動脈を圧迫する。出血部位を心臓より高い位置にすると、止血しやすい。（前橋）

■外反母趾（hallux valgus）
　足の親指が、からだの中心から見て外側に屈曲している状態。幼児の場合は、趾節間外反母趾（親指の第一関節から外側に曲がる）の方が多くみられる。親指全体で接地することができなくなるため、立位時のバランスへの影響や、母趾で蹴りだしにくくなることが懸念される。（吉村）

■カウプ指数（Kaup index）
　体重（g）を身長（cm）の二乗で割って10をかけたもので、体重と身長のバランスから乳幼児の体格をみる指数である。発育状態の「普通」は、乳児（3ケ月以降）では16〜18、満1歳で15.5〜17.5、満1歳6ヶ月で15〜17、満2歳で15〜16.5、満3歳、4歳、5歳で14.5〜16.5である。（前橋）

■カウンセリング（counseling）
　専門的訓練を受けた人（カウンセラー）が、相談者の問題解決のために行う治療的援助である。（前橋）
　カウンセリングの発端は、1908年の米国ボストン職業指導所が開始した青年向け職業選択相談であったとされる。S. Freudが精神分析法を創始し、C. Rogersは、「人は、自己認識と現実との不一致を言葉にしていくことで、本来の自分を成長させていく」という「クライエント中心療法」を確立、1960年代にはA. E. Iveyが「マイクロカウンセリ

ング」を開発した。その後も様々な現在志向型や未来志向型心理療法が開発されている。（橋本）

■カウンセリングスキル
（counseling skill）
カウンセリングスキルとは、「人が抱えた悩みや様々な身体・精神・行動症状に表れた悪性ストレス症状を、本人が自己決定や行動変容、問題解決、自己成長、自己変容することを支援するスキル」である。カウンセリングスキルは、援助者が相手の世界を共有し、相手の枠組みの中で共に感じ、寄り添い続けることで、相手が自分の中にある答えを探し、自己決定することを支えるものである。これを活用することで、相手の隠れた要求をつかみ、気づき、自己決定し、行動変容をしたり、自己成長、自己変容することを支援することができる。（橋本）

■カエルの逆立ち
（handstand of the frog）
カエルを模倣して、膝を外に開き、脚を曲げ、手をついた姿勢から、腕・肘でからだを支えて足を浮かし、逆さ姿勢になる。（永井）

■課外教室（課外の体育教室）
（extracurricular physical education classroom）
幼稚園の教育時間外（放課後）に、園の施設を利用して行われる体育活動。体操やサッカー、新体操、チア、キッズダンス等の種目が取り上げられ、幼児期の習い事のランキングでも上位に入っている。（池谷）

■学習（learning）
時間の進行に伴う人間の変化を、学習、または発達という。一般的に比較的短い時間のスパンでの変化を、学習とい

い、数ケ月あるいは数年を経ての変化を示す発達とは区分して理解される。学習は、通常、経験による比較的永続的な行動変容と定義される。この定義が示す通り、学習の契機は、はっきりと外的に規定できるある種の経験であり、そうした経験によって、それまでの行動が、それ以後、変容されることを意味する。しかも、その変容は、一瞬の出来事ではなく、比較的安定してそれ以後保持されるものである。（鍛治）
【塩見邦雄編：心理学ジェネラル，北大路書房，p.39，1991.】

■学童保育（schoolchild childcare）
おおむね10歳未満の学童で、保護者が就労などにより、昼間、家庭にいないものに、放課後、児童厚生施設や学校の空き教室などの施設を利用して、適切なあそびと生活の場を与え、健全な育成を図ることを目的としている。10歳以上の子どもがこの事業に参加することを防げるものではないとも解釈されている。（前橋）

■かけっこ（running, race）
走って、競い合うこと。（永井）

■片づけ（clean up）
多くの場合、ある活動が終わった時に、始まる前の状態に戻すための清掃活動をいう。自分の身のまわりを片づけ、整理整頓する習慣は、日常生活の中で親子で片づけて生活する習慣や、子どもが片づけをしやすい環境をつくる等、子どもが自分で行うように繰り返し促していくことが大切である。また、片づけには、整理整頓や保健衛生の意味もあるが、同時に次回の活動のための環境構成となる場合も多いので、片づけの方法を工夫することも大切である。（鍛治）

■過失 (negligence)

結果発生を予見できたのに不注意でしなかったという心理状態（主観的過失）、または結果発生の予見可能性があるのにこれを回避する行為義務（結果回避義務）を怠ったこと（客観的過失）である。過失は、民法の不法行為の成立要件の1つで、損害賠償責任を生じさせ、体育・スポーツ指導者も専門的安全管理能力が問われる。（森）
【内田　貴：民法II，東京大学出版会，pp.311-321，2004．】

■簡易ゲーム
(games of low organization)

輪になってのゲーム、散在してのゲーム、線を使ってのゲーム等、簡易なゲームのことをいい、動作や知識、協調性の能力を適用し、熟達できるように展開でき、基礎的な動きを身につけさせることができる。操作系の運動あそびと簡易ゲームの中では、とくに、お手玉やボールを投げたり、受けたりして操作能力を身につけるとともに、なわの跳び方やパラシュートを使った様々なゲームや運動が経験できる。さらに、簡単なゲームを行って、協調性を身につけることも可能である。（前橋）

■感覚統合 (sense unification)

子どもは、遊びながら自分のからだの位置や動きがどうなっているのかを感じたり、触れたり触られたり、見たり聞いたりしながら、適応能力を身につけていく。これらの感覚は、脳の発達と深いかかわりをもっており、脳での一連の処理過程を感覚統合という。（前橋）

■観察学習 (observational learning)

観察者が他者（モデル）の行動を観察することによって、その行動を学ぶ学習

の方法。（楠）

■監督 (supervisor, director)

監督とは、下の者を指図したり、取り締まったりすること。また、その人、とくに、指導現場で、指導や管理に当たる人をいう。安全のためには、指導中の監督は、怠らないようにすること。（前橋）

■ き ■

■器械運動 (apparatus)

器械運動は、跳び箱や鉄棒などを用いた運動を通して、それぞれの運動に必要な技能を習得して、各運動における技ができるようにし、さらには「よりうまくできる」ようになることをねらいとした運動である。それらの学習を通して、体力の向上や人間形成にも役立つように取り扱われる。器械運動は、個人で行うものであり、最終的にはひとつの技能や連続した技能ができるようになることである。子どもにとって器械運動の最大の喜びは、できなかった技ができるようになることであり、その本質は技にあるといえる。（鍛治）
【前橋　明：幼少年期の健康づくり，西日本法規出版，p.124，1994．】

■企業内保育所
(nursery school in the company)

婦人労働力を確保するため、企業内で働く女性に対し、その乳幼児を預かり、保育する施設。（前橋）

■キックボード (kickboard)

ハンドルを握り、ボードの上に片足を乗せて、もう一方の足で地面を蹴って進む、小さな車輪のついた玩具。（永井）

■キッズヨガ (kids Yoga)

心とからだを内観することを目的としたヨガを、子どもに楽しめるよう工夫

されたプログラム。例えば、動物に見立てた名前のポーズを実践することによって、物語仕立てに作られたヨガが経験できる。（楠）

■機能訓練（functionnal training）
事故や疾病、または、先天的に上肢下肢、体幹の運動機能の遅れや障害をもつ人に対し、主に身体的な障害を軽減・改善することにより、食事やトイレ等の身のまわりの動作、食事、就労などの適応性向上を目的として行われる訓練で、主に理学療法士や作業療法士がこれにあたる。（前橋）

■木登り遊具
（playground equipment which climbs a tree）
ダイナミックな木登りあそびが再現できる。木登りを体感できる遊具として、木登りのおもしろさ、とくに、枝から枝へ、大型であれば、安全のために、ネットがらせん状に張りめぐらされ、迷路のような遊び空間をも創る。もちろん、子どもたちは好奇心を膨らませて枝をよじ登り、空に向かって冒険を始める。木登り遊具は、小さな挑戦をいくつも繰り返しながら、あそびを創造し、子どもたちの夢を育んでいく。登る、降りる、ぶら下がる、寝転がる等、多様な動きが経験できる。
①木登りは、育ち盛りの子どもたちが「チャレンジ精神」「運動能力」「集中力」を一度に身につけることのできる運動遊具である。枝をよじ登ったり、ぶら下がったりしながら、高い所へと登っていく楽しさや木登りのおもしろさを、安全に体感できる施設。
②遊び疲れたときには、そのまま寝ころび、ネットがハンモックに早変わり、優

しくからだを包む。
③木によじ登り、頂上に辿り着けば、爽快な風を感じることができる。また、自然の木を模した展望施設として、地上とは違った風景に気づいたり、小鳥たちのさえずりも身近に聞こえる格好のバードウォッチングのポイントにもなる。（前橋）

■騎馬戦（mock cavalry battle）
旗差物を奪い合う武士の戦いに起因して発展した格闘的競技で、運動会の種目としてみられる。とくに騎馬戦は、士気高揚の格闘的競技として、戦前では、大変重要な競技であった。（前橋）

■基本運動（basic movement）
幼児期にみられる基本となる動作スキルからなる運動のこと。歩く、走る、這う、跳ぶ、スキップする、泳ぐ等、ある場所から他の場所へ動く技術である「移動系運動スキル」と、バランスをとる、渡る等、姿勢の安定を保つスキルである「平衡系運動スキル」、投げる、蹴る、打つ、取る等、物に働きかけたり、操ったりする「操作系運動スキル」、その場で、ぶらさがったり、押したり、引いたりする「非移動系運動スキル（その場での運動スキル）」からなる。（前橋）

■基本運動スキル
（fundamental movement skills）
基本運動スキルは、移動運動やその場での運動、バランス運動、操作運動などの運動スキルを指し、子どもたちが生涯の中で経験するスポーツやダンス、スタンツ、回転運動、体力づくりの専門的スキルづくりの土台となる。①歩・走・跳・ホップ・スキップ・スライド・ギャロップ等の基本的な移動運動スキル（ロコモータースキル）、②ぶら下がる、伸

ばす、引く、押す、曲げる等の非移動運動スキル（ノンロコモータースキル）、③平衡系の動きのスキル（バランススキル）、④止まっている物体や動いている物体にボールを投げたり、受けたり、蹴ったり、打ったりする操作系の動きのスキル（マニピュレィティブスキル）、⑤移動運動や非移動運動、バランス運動、操作運動を複合した動きのスキルを含む能力をいう。（前橋）

■吸 嗽刺激<ruby>（きゅうてつ）</ruby>
（sucking, impulse of sucking）
　赤ちゃんが母親の乳房を吸う時に、母親が受ける刺激のこと。母性行動が発現し、さらに母子相互作用によって母性行動が円滑に確立・維持されていく。（前橋）

■協応性（coordination）
　身体の2つ以上の部位の運動を、1つのまとまった運動に融合したり、身体の内・外からの刺激に対応して運動したりする能力を指し、複雑な運動を学習する場合に重要な役割を果たす。
　具体的には、手と目、足と目、手と足の協応を必要とする動きを、正確に無理なく示すことができる能力をいう。（前橋）

■教具（teaching aid）
　教具とは、一般に学習指導の効果を高めるために工夫される道具や器具のことを意味する。教具には、次の機能がある。①運動の習得を容易にする、②運動の課題性を意識させ，方向づける、③運動に制限を加える、④運動のできばえにフィードバックを与える、⑤運動の原理や概念を直観的・視覚的に提示する、⑥運動課題への心理的不安を取り除き、安全性を確保する、⑦運動の学習機会を増

大させ、効率を高める。（森）
■教材（teaching material）
　教材とは、体育授業における学習内容を習得するための手段である。教材の概念は、授業において教え学ばせたい中身を想定した意図的な働きかけの構造において理解されるものである。したがって、教材としてのスポーツ種目や技、あるいは運動あそびを教え、学ばれるべき学習内容を見通しながら、学習者がとり組み、挑戦していく課題としての教材に加工・修正していくことが必要なのである。このプロセスが「教材づくり」である。学習成果を上げ、好ましい学習状況を生み出す教材の基本的な条件として、①その教材が習得されるべき学習内容を典型的に含みもっていること。②その教材が学習者の主体的な諸条件に適合しており、学習意欲を喚起することができること。（森）

■協働（collaboration）
　関係する両者の間の主体性が相互に尊重されつつ、機能的に連携が図られた状態をいう。（前橋）

■協同あそび（cooperative play）
　子どもが複数で、ルールや約束ごとを含むあそびを協力して遊ぶこと。子どものあそびを社会性の発達の観点からとらえると、①何もしない行動、②傍観的行動、③ひとりあそび、④平行的あそび、⑤連合あそび、⑥協同あそびの段階に分類できる。一定の目的のためにいっしょになって何かをつくったり、役割を決めてそれぞれが協力したり、調整して遊ぶ姿をいう。年中・年長児に盛んに見られるようになる。リーダーシップをとったり、仲間の指示に従ったり、譲ったり、提案したり、協力する等、仲間との関係

によって楽しみの大きさに影響がある。あそびの中でトラブルに巻き込まれる経験、また、それらを解決する経験、相手の考えに触れながら、自分の発想や経験を広げる経験、自分の考えを相手にわかるように表明する経験などを十分にさせることが重要である。この経験から、子どもは人間関係を学んでいく。(松原)
【上野恭裕編：現代保育原理，三晃書房，2000.】

■**虚構あそび**（make-belive play）

現実と離れた虚構の中で行われるあそびのことで、ごっこあそびともいわれる。子どもたちは、虚構あそびの中で時間的・空間的制約から自由になり、あそびを楽しむ。虚構あそびは、子どもの想像力を高め、心を解放させるあそびである。また、虚構あそびの中には、子どもたちの現実の生活や物語の中の出来事などがもちこまれるが、それらの再現活動や模倣活動によって、子どもたちは社会生活に必要な行動や態度を学習する。虚構あそびは、子どもたちにとって、社会的、情緒的、知的学習でもある。なお、虚構あそびと似たあそびに劇あそびがあるが、こちらは他者に見せるという性質をもつ点で虚構あそびとは区別される。(松原)
【高橋たまき他編：遊びの発達学　基礎編，培風館，1996.】

■**筋弛緩法**（muscle relaxation method）

筋肉の緊張と弛緩を繰り返すことによって、身体をリラックスさせる方法。筋肉に力を入れて、数秒間、緊張させた後、一気に力を抜くことを繰り返す方法。(楠)

■**緊張**（tension）

心やからだが引き締まること。慣れない物事に直面し、心が張りつめて、からだがかたくなること。筋肉や腱が一定の収縮状態を持続していたり、ある行動への準備や、これから起こる現象・状況等に対し、張りつめている状態をいう。(楠)

■**緊張と弛緩**（tension and relaxation）

交感神経と副交感神経のコントロールによって起こる筋の収縮とリラクゼーション。(楠)

■**筋力**（strength）

筋が収縮することによって生じる力のことをいい、筋が最大努力によって、どれくらい大きな力を発揮し得るかということで、kgであらわす。(前橋)

■　く　■

■**空間認知能力**（spacial awareness）

上下・左右・前後の概念を理解する空間的な認知能力をいう。この能力が発達すると、身体の左右・上下の部分の動きを知り、使い分けることができるようになる。(例えば、左右の腕を個々に動かしたり、同時に動かしたり、あるいは交互に使ったりできるようになる。足も同様に、個々に、同時に、交互に使えるようにもなる。さらに、同じ側の手と足を同時に使ったり、反対側の手と足を同時に使ったり、ジャンピングジャックスのように、両手と両足を同時に使うことができるようにもなる。また、身体の各部分のつながり、線や円、四角などの基本的な形の理解、自己の身体の外にある空間の理解、身体と方向との関係の理解して、前後・左右に巧みに動くことができるようになる。(前橋)

■**クオリティ・オブ・ライフ**（QOL, Quality of Life）
　生活の質のことで、生活、生命、人生などが心身ともに充実した状態をさす。（前橋）

■**靴教育**（shoes education）
　靴を選ぶこと、買うこと、履くことは、正しい教育に基づいて行われるべきであるが、日本の教育制度の中には、靴に関する教育が存在しない。この3つを正しく行えるよう考えられた靴に関する教育のこと。別名、シューエデュケーション。この教育内容を把握した教育者を、シューエデュケーターと呼ぶ。（吉村）

■**靴行動**（action for shoes）
　靴を選ぶこと、買うこと、履くことの3つをまとめた総称。靴教育の柱は、この3つからなる。（吉村）

■**靴選択**（shoes choice）
　幼児の靴の選択には、機能面の見きわめと、足の成長サイクルに合わせた適切なサイズ選びが不可欠である。機能面の条件として、以下の3つが不可欠である。①幼児期の不安定な足首やかかとの横ブレを防ぎ、しっかり支えられるかかとの強度がある。②歩行蹴りだし時の足の屈曲に合わせ、関節部分がしなやかに曲がり、もとに戻る屈曲性がある。③歩いたり走ったりしても、足が前滑りや横滑りをせずに、靴内でのベストポジションに収めるためのマジックベルトや紐がついている。適切なサイズ選びには、左右の足の足長と足囲の4か所を立位姿勢で計り、その寸法に基づいて選び、直線にして5メートル程度の試し履きをして、履き心地やかかとの浮きがないかをみることが必要である。新規購入時は、この寸法に成長のためのゆとりを加える。ゆとり寸法は、最大でも年間あたり7〜10ミリ以内とする。（吉村）

■**クマ歩き**（bear walk）
　床や地面に両手両足をついて、尻を上げた姿勢で這う歩き方。高這い。（永井）

■**クモ歩き**（spider walk）
　しゃがんだ姿勢から後ろに手をつき、腰を浮かせた姿勢で歩く歩き方。（永井）

■**クライミングウォール**（climbing wall）
　固定遊具の一つで、表面をよじ登るための突起（ホールド）をつけた人工の壁。手足を使って、突起伝いに壁を移動する。（永井）

■**グループポーズ**（group pose）
　他者や親子など、複数人のグループで行うポーズで、他者との協調性や身体調整力を養い、創造性や達成感を身につける。（楠）

■**クロスネット渡り**（cross net passes）
　90度にひねったネット通路を連続すると、メビウスのリングのようにネット面が反転するので、オーバーハングになり、難しくなる。
　ひねったネット通路を移動することにより、平衡性や巧緻性、筋力や空間認知能力を養い、平衡系運動スキルを身につける。（前橋、ジャクエツ）

■ け ■

■ケースワーク（case work）

　生活上の問題をもった個人または家族に対して、心理的・社会的観点から個別的に援助し、クライエントが独力で問題の解決を図り、自立し、人格の発達を図ろうとする場合の援助の過程である。これは、面接を中心に展開され、調査・診断・治療の段階を、同時並行的にたどっていく。（前橋）

■劇あそび（dramatic play）

　子どもが生活の中で体験したことや絵本やおはなし、テレビ等で見たことや感じたことを保育者といっしょになって劇にして遊ぶことをいう。ごっこあそびを、より高度に複雑にしたものといえる。その魅力は、保育者が関わることによって変化に富み、好奇心をくすぐるような物語性やエンターテイメント性が用意できることにある。子どもたちは、劇あそびを通して、集団で遊ぶことのダイナミクスを体得し、想像の世界で心おきなく遊ぶことの楽しさや喜びにふれることができる。劇化した想像した世界で遊ぶ楽しさや喜びを感じ、一人ひとりが役割を果たすことで達成感や満足感をも味わうことができる。集中力や協調性をも必要とする劇あそびの経験は、幼児期にあって身につけなければならない生活力の礎となる。このため、保育者は子どもの興味・関心やどんな役割をしたいか等、子どもの希望やニーズを把握しておく必要がある。子ども自身の自らの力で動作やことばを創造し、思う存分自己発揮していくことに劇あそびの意義がある。（松原）
【花輪　充：劇あそびの春夏秋冬，鈴木出版，2000.】

■ケンケン（hopping）

　立った姿勢から片足を上げ、もう一方の足で跳ねること。（永井）

■健康・体力づくり
(health related fitness)

　健康的な生活の構成要素としての運動の重要性の認識と体力を高める運動の実践、バランスのとれた食事の基礎的知識、主要な身体部分や器官のはたらきと位置の理解、正しい姿勢の理解、運動あそびでの熱中、楽しさ、満足をも経験させて、健康や体力を向上させていくことをいう。

　個人の健康は、予期せぬ状況に立った場合にでも、十分なエネルギーで毎日を生き抜いたり、レジャー時代における運動参加を楽しむことのできる能力を示す。子どもたちに、健康的な良いレベルに達するよう設定された各種の運動に参加する機会を与えることは、極めて大切なことである。したがって、体力づくりを持続させるための興味づくりを工夫する必要がある。さらに、子どもたちには、体格や心臓・呼吸器機能、柔軟性、筋力、持久力を含む体力の要素に関連した生理学的な基礎知識を身につけさせるとともに、自己の生活の中で健康理論を適用できるようにさせたい。（前橋）

■健康日本21（Health Japan 21）

　日本の国民が健康で、明るく元気に生活できる社会の実現を図るための国民の健康づくり運動。（前橋）

■健全育成活動
(work on healthy upbringing)

　急速な都市化や高度産業化社会に起因するネガティブな影響から、子どもたちを、健全に育つよう、守るための活動。（前橋）

■ こ ■

■巧技台
（combination exercise equipment）
　跳び箱、鉄棒、すべり台、平均台、はしご等を、自由に組み合わせて使用する遊具。（永井）

■厚生（the public welfare）
　人々の暮らしを豊かにし、健康を増進すること。（前橋）

■高体温（hyperthermia）
　腋下で37℃を超える体温。（前橋）

■巧緻性（skillfulness）
　身体を目的に合わせて正確に、すばやく、なめらかに動かす能力であり、いわゆる器用さ、巧みさのことをいう。（前橋）

■後転（backward roll）
　鉄棒やマット運動などで、後方に回転する運動。後方回転。（永井）

■行動体力（physical ability for behavior）
　行動体力は、体格や体型などの身体の形態と機能に二分されるが、その機能面からみると、①行動を起こす力（筋力、瞬発力）、②持続する力（筋持久力、呼吸・循環機能の持久力）、③正確に行う力（調整力：協応性、平衡性、敏捷性、巧緻性）、④円滑に行う力（柔軟性、リズム）がある。（前橋）

■後方（rear）
　直立した状態から、身体の後ろ方面に運動を行う場合を後方と表現する。（田中）

■こうもり（bat playing）
　鉄棒や雲梯などに膝を折り曲げて掛け、逆さまにぶら下がること。（永井）

■交流保育
（transition in early childhood education）
　様々な人々との交流を、子どもの育ちに生かしていく保育の方法。園内では、異年齢の子どもたちや外国籍の子どもたち、障害をもつ子どもたちとかかわりをもつことがある。また、園外の人々とのかかわりもある。例えば、地域の子どもたちといっしょに活動する場を設けたり、小・中・高校生が園にくる機会を設けたり、地域の高齢者とのかかわりの場を設けたりすること等も含まれる。様々な人々と関わる機会をもつことによって、子どもの育ちに生かしていくことが目的であるが、かかわる場にともに存在している保育者の果たす役割は大きい。最近では、『であう・ふれあう・つくりあう』のキャッチフレーズで、幼児体育を通しての交流保育もさかんに行われるようになってきている。（鍛治）

■呼吸（a breath）
　呼吸は、息を吸ったり、吐いたりすることで、幼児の呼吸や脈拍は、大人より多く、運動時や環境の変化を受けて変動しやすいという特徴がある。幼児は、肺胞の数が少ないので、1分間の呼吸数は、大人（15 ～ 20回／分）より多く、4歳～ 6歳児は20 ～ .25回／分、2 ～ 3歳児は25 ～ 30回／分である。（前橋）

■午後あそび（play in the afternoon）
　午前中のあそびとともに、成長期の子どもにとって大切な昼間のあそび。体温リズムの中で、最も体温の高まった、いわゆる、生理的にウォーミングアップのできた時間帯（午後3時頃から5時頃にかけて）のあそび。この時間帯の積極的な運動あそびで、しっかり運動エネルギーを発散させ、情緒の解放を図ってお

くことが、夜には心地よい疲れを生じ、夜の入眠を早める秘訣となる。（前橋）

■子育てサークル (childcare circle)

子育てをしている母親や父親と、その子どもが主な対象で、親が主体になってグループを運営し、営利を目的とせず、子育ての目的で作られた自主グループのこと。子育てサークルの利点としては、①子どもに異年齢の仲間を提供できる、②親に話し相手ができ、子育て上の不安軽減につながる、③多様な子育ての状況を見聞きできる（親の視野が広がる）、④子どもの発達に見合った関わりが体得できる、⑤子育ての学習の場になる。（前橋）

■ごっこあそび (copycat play)

かつてのあそびの中では、「鬼ごっこ」や「チャンバラごっこ」、「ままごとごっこ」といった「ごっこあそび」が頻繁に行われていた。つまり、大人や動物などのまねをして、子どもなりに工夫して、各々の役割を演じて遊んでいたのである。幼児のあそびらしい「ごっこあそび」には、型にはまった規則はない。「ままごと」ごっこを例にあげると、子どもたちが演じる父親は、それぞれ自分の父親の様子を思い浮かべながら、十人十色の父親を演じる。一定の父親像は、そこにはない。頑固な父親を演じる子、やさしい父親を演じる子、母親に頭のあがらない父親を演じる子など、様々である。いろいろと工夫して、思い思いにまねて演じるあそびのことである。（前橋）

■骨折 (fracture of bone)

外力によって、骨の連続性をたたれた状態をいう。完全な骨折と、たわんだり、ひびが入っただけの場合（不全骨折）があり、不全骨折の場合は、レントゲンを

とってもわからない場合がある。子どもの骨は発育途上にあるので、まだ十分にカルシウムが沈着していないため、大人のように硬くなっていない。そのため、この不全骨折が多くなる。子どもの骨折は、修復するのが早く、不全骨折でも元通りに治癒する場合がある。しかし、骨折部位がずれたり、ゆがんだりしたまま修復した場合、変形や機能障害を起こすことがある。痛みが強いときや、腫れや内出血が強い場合、1～2週間たっても痛みがひかない場合は、病院に行って、骨折であるかどうかを、診断してもらうことが必要である。（前橋）

■骨折の処置
(measures of the bone fracture)

骨折を疑うような強い痛みを訴えるときは、骨折部を動かさないようにする。骨折部を動かすと、血管や神経を損傷するので、そのままの形で固定する。出血と腫れを最小限にするために、骨折した部位は下に下げないで、挙上する。

上肢の骨折が疑われる場合は、脱臼時と同様に、腕を上半身に固定する。下肢の場合は、足をまっすぐに伸ばし、健足を添え木として患足を固定する。両足の間にタオルや衣類などをはさんで、三角巾で①足首、②足の甲、③ひざの上、④ひざの下を縛って固定する。腫れている部分は、しばらないようにすること。結び目は、健足の上になるようにしてしっかり結ぶ。足の下に座布団をおいて患足を挙上して、病院に運ぶこと。（前橋）

■固定遊具
(fixed playground equipment)

固定遊具は、登ったり、滑ったりして、みんなが楽しく健康に遊べる遊具である。子どもたちは、遊具でのあそびを

通して、心身の発達、友だちとの協力・共同・譲り合い等の社会的、道徳的発達、遊び方を工夫する知的発達などをもたらし、危険予知能力をも養う。つまり、遊具は、子どもの成長・発達を促進する重要な施設といえる。（前橋）

■固定遊具の安全性

(safety of the fixed playground equipment)

安全性への配慮は、遊具には不可欠である。まずは、設置に先立ち、あそびの動線を考慮した遊具の配置を周到に行い、子どもたちが出合い頭にぶつかったり、運動の流れが極度につまったりしないよう、安全、かつ、スムーズに、あそびが展開できるようにしておくことが大切である。

また、安全のためには、十分な空間を確保すること（安全領域の確保）も、極めて重要である。この空間内には、照明灯やマンホール、縁石などの施設や、石やガラス等の異物があってはならない。（前橋）

■子どもの権利条約

(Convention on the Rights of the Child)

1989（平成1）年11月に、国連総会で採択された法的拘束力のある条約であり、現在の子どもを取り巻く環境の悪化から、子どもをいかに救済・保護するかとともに、「子どもの最善の利益」を保障するために、どのような権利が現在の世界の子どもたちに必要なのかを示している。（前橋）

■子どもの人権オンブズマン

(human rights ombudsman of the child)

子どもの人権専門委員の通称で、子どもをめぐる人権問題に適切に対処するため、特に、弁護士、教育関係者などの人権擁護委員の中から選任されている。（前橋）

■ゴムステップ渡り

(rubber step passes)

斜めに固定したゴム製のステップに乗って、リズミカルに渡るあそび。

ステップに乗って落ちないように渡っていくことにより、平衡性を養うとともに、身体認識力や空間認知能力を育てる。バランスをとって渡ることで、平衡系運動スキルも育成する。（前橋、ジャクエツ）

■転がりあそび (fall down and play)

回転、加速度、揺れ感覚を刺激するようなあそびのことで、前庭感覚、固有感覚の統合に効果がある。土手すべりや傾斜のマットでの転がりあそびを指す。（前橋）

■ さ ■

■さかあがり

(forward upward circling on the horizontal bar)

鉄棒を肩幅くらいに握り、鉄棒を軸に上への運動と後への運動を同時に行い、一回転して腕支持の姿勢になる。（永井）

■逆立ち（倒立）(a hand stand)

両手をついて、両足を上にあげ、からだを逆さにして立つこと。立った姿勢の逆。倒立。（永井）

■里山保育 (Satoyama)

生活の大半を、森や川、田畑などの里

山の中で過ごし、自然の中でからだを鍛え、創意工夫し成長していくことをねらった保育方法。（廣中）

■サーカディアンリズム（概日リズム）（circadian rhythm）

24時間よりやや短い周期の生体リズム。体温では、生体リズムにしたがって、1日のうちに、0.6～1.0℃の変動を示す。日常生活では、一般に、午前2時～4時の夜中に最も低く、午後3時～5時の夕方に最高となる一定の概日リズムをもつ。（前橋）

■サーカニュアルリズム（circannual rhythm）

ほぼ1年の周期をもった生体の活動リズム（概年リズム）のこと。（前橋）

■サッカー（soccer）

長方形のコートの両端にゴールを設置し、脚を使って相手ゴールに攻め込み、シュートを決めるゲーム。手以外の部位（頭、胸など）を使用する。本来11人制で行われるが、現在は、日本サッカー協会からの通達で、小学生にはボールに触れる機会を増やすために、8人制のゲームが推奨されている。（池谷）

■3033運動（3033 execise）

運動の大切さを、生活の中で、どのようにして実現していったらよいのかを示している運動で、1日30分、週3回、3ヶ月継続して、運動やスポーツを行い、運動を生活の一部として習慣化する呼びかけである。脳や神経が著しく発達する幼少期に、様々な運動や運動あそびを少なくとも1日30分は体験させることで、体力の向上はもとより、自律神経の働きを高め、生活リズムの改善や言語能力の発達、知的面の成長に効果がある。とくに、近年目立ってきた体温異常をは

じめとする自律神経機能の低下の原因の多くは、遅寝・遅起き、朝食の欠食、運動不足である。子どもに早寝の習慣づけをするためには、日中の運動あそびの時間を増やし、ぐっすり眠れるように、疲れを誘発させることが大切である。

1) 1日30分：まずは、気軽にからだを動かす。10分程度の運動を、あわせて30分でもよい。

2) 週3回：できれば、2日に1回、運動をする。例えば、月・水・金とか、火・木・土とか、まとめてよりも、コツコツ運動することが、運動の効果が期待できる目安である。

3) 3ヶ月間：3ヶ月間、運動を続けることで、自動的にからだを守ってくれる自律神経の働きが良好になり、自ら考え、意欲的に、自発的に、取り組む元気が出てくる。（前橋）

■三点倒立（three point of handstand）

マットや床の上で、三角形の各頂点の位置に頭・手をつき、尻と両足を上げ、からだを逆さにして立つこと。頭と両手の三点でからだを支え、倒立をすること。（永井）

■3間（サンマ）（Sanma, friend, time and space）

「あそび仲間、あそび空間、あそび時間」の三つの間（マ）をとって「サンマ」と言う。近年の子どもを取り巻く生活環境や社会構造の変化、少子化のネガティブな影響が、「サンマ」の減少・喪失の背景にある。塾やお稽古事、スポーツ教室などの教育産業、健康産業の普及により、地域で遊ぶ時間と仲間が減少した。そして、事件や事故の心配もない安全な室内でのテレビゲームや既成の玩具あそびが多くなってきた。かつて、子ど

もたちは、子どもだけの異年齢集団で原っぱや路地であそびのルールをつくり、知恵を出し合い、全身を使って遊び込む中で、ルールを守り合う人間関係をも学んだ。前橋（2003年）は、サンマの1つでも欠けることを「間抜け現象」と称し、大脳の活動水準の低下を懸念した。地域における子どもたちのあそび場（あそび空間）がなくなったということは、「子どもたちだけの社会もない」という意味を含んでいることを指摘している。子どもの自発的なあそびが豊かに育まれるための、3間（サンマ）の保障を、大人たちが努力していかねばならない。（佐野）

【前橋　明：食べて動いてよく寝よう！大学教育出版，pp.30-31，2012.】

【前橋　明：児童福祉論，チャイルド本社，pp.54-56，2003.】

■三輪車（a tricycle）

3つの車輪からなる乗り物の総称。幼児がよく使うものとして、前1輪・後2輪の3輪で、前輪にペダルとハンドル、前輪と後輪の間にサドル（座面）のついた乗り物。（永井）

■　し　■

■シーソー（seesaw）

固定遊具の一つで、長い板を中央で支えた遊具。両端に人が乗って、交互に上下させて遊ぶ。ギッタンバッコンともいう。（永井）

■しっぽとり（take the tail and play）

紐や布などを、しっぽに見立ててズボンの後ろへはさみ、互いのしっぽをとり合う追いかけっこ。しっぽをとられたら、負けとなる。（永井）

■弛緩（relaxation）

ゆるむこと。たるむこと。慣用読みで「ちかん」とも言う。（楠）

■紫外線（ultraviolet rays）

電磁波の総称で、波長の長さによってA波（長波長）とB波（中波長）とC波（短波長）の3種類に分かれている。この中で、健康に欠かせないのがA波とB波で、A波には細胞の活動を活発にして、その生まれ変わりを促進させる作用がある（日光浴）。B波には、皮膚や肝臓に蓄えられたビタミンD_2をビタミンD_3に変える役目があり、食物から摂取したカルシウムを体内カルシウムに再生して、骨格を作り、神経伝達を良くする。（前橋）

■持久力（endurance）

用いられる筋群に負荷のかかった状態で、いかに長時間作業を続けることができるかという筋持久力（muscular endurance）と、全身的な運動を長時間継続して行う呼吸・循環機能の持久力（cardiovascular / respiratory endurance）に、大きくわけられる。（前橋）

■自己主張（self-assertion）

自分の意志や欲求を他者に伝え、自分の要求を実現しようとする行動をいう。2～3歳頃の第一反抗期と呼ばれる時期では、親の禁止や命令に子どもは拒否や反抗というような行動で表すことが多い。この頃には運動能力が発達し、食事も自分でできるようになる等、それまで大人にしてもらっていたことが自分でできると感じ、自分でしたいという気持ちも強くなるため、このような行動が多くなる。自己主張は、「順番を守る」「がまんする」等、欲求や行動をコントロールする自己主張と自己抑制を使いわけなが

ら、周囲の人と上手く関わるようになっていく。（松原）

【岡本依子ほか：エピソードで学ぶ乳幼児の発達心理学，新曜社，2004.】

■自己中心性 (egocentrism)

自分と他人の区別ができず、すべて自分の視点から考える幼児期に特徴的な思考様式のこと。ピアジェ（Piaget, J1896-1980）は、山が三つある模型を見せる課題（三山問題）で、幼児は他の方向から見た光景が想像できず、今、自分の見ている光景しか考えることができないことを見いだして自己中心性ということばを用いた。

自分と他人の視点から判断することができず、すべて自分の視点から判断する傾向であり、わがままや利己的という意味とは異なる。発達とともに、このような傾向は薄れ、次第に他者の視点も理解できるようになる。これを脱中心化と呼ぶ。（松原）

【滝沢武久ほか：知能の心理学，有斐閣，2004.】

■施策 (a policy)

（政治家や役人が）実地に行うための計画や対策を立てること。また、その計画や対策をいう。（前橋）

■姿勢教育 (posture education)

正しい姿勢、よい姿勢をとるよう指導する教育のこと。まだ骨格が固まっておらず、癖としても固着していない小学校の低学年期までが適時期である。一度、悪い癖が身につくと、姿勢を矯正していくには時間がかかり、子どもの大きな努力が必要となる。（前橋）

【前橋　明著：姿勢と座り方，運動・健康教育研究7 (1)，pp.7-14，1997.】

■姿勢の矯正

(correction of the posture)

姿勢の矯正には、装具や固定具を用いる方法と体操によって矯正する方法とがある。装具や固定具を用いる方法は、使用中はからだの一部、あるいは筋の一群の運動を押さえるため、からだの形は整うとしても、機能上の不均衡を残す恐れがあるので、できるかぎり早期に正しい姿勢を習慣化させたい。

体操による矯正は、小学校低学年期には全身の均整のとれた発育と自由に動くからだづくりをねらってほしい。また、小学校高学年期に入ると、矯正に必要な体操を反復して行わせることが大切である。姿勢をよくする体操としては、背筋や腹筋を強くする体操を主に行わせたい。（前橋）

■肢体不自由児

(a physically handicapped child)

四肢（上肢・下肢）、体幹などの機能が不自由な状態にある子ども。（前橋）

■肢体不自由児施設

(institute for physically handicapped child)

長期にわたり、治療訓練を必要とする身体障害をもつ子どもたちが、親から離れて医学的治療を受けるとともに、自立に必要な知識や技能を獲得するために生活する施設である。（前橋）

■児童 (a child, children)

満18歳に満たない者。満1歳に満たない「乳児」と、満1歳から小学校就学の始期に達するまでの「幼児」、小学校就学の始期から満18歳に達するまでの「少年」に分けている（児童福祉法第4条）。（前橋）

■児童委員
（commissioned Child Welfare Volunteer）

児童委員は、児童福祉法に基づいて、市町村の区域に置かれている民間奉仕者であり、担当区域内の子どもたち、および、妊産婦について、保護、保健、その他の福祉に関し、適切な指導や援助を行う。児童相談所や福祉事務所などの行政機関の「児童・母子・知的障がい者の福祉」に関する業務の遂行に協力することを職務としている。すべての民生委員が、児童委員とされている。（前橋）

■児童家庭福祉
（the child home welfare）

児童だけでなく、児童と家庭を単位にして、健康で文化的な家庭機能の確立を基盤としなければならないと考える概念。（前橋）

■児童館
（child welfare residential facility）

児童遊園と並ぶ児童厚生施設の一種で、主に18歳未満の子どもに対し、健全なあそびを与えて健康を増進させる一方、情操を豊かにすることを目的とする施設である。（前橋）

■児童虐待（child abuse）

親や、親にかわる養育者が、子どもに対して行う心理的・身体的暴行や性的暴行、放置のこと。（前橋）

■児童憲章（the children's Charter）

「日本国憲法の精神にしたがい、児童に対する正しい観念を確立し、すべての児童の幸福をはかる」ことを目的とする規約。「児童福祉法」の精神を、広く国民に理解してもらうための国民的協約であり、法律ではない。「児童は人として尊ばれる」「児童は、社会の一員として重んぜられる」「児童はよい環境の中で育てられる」を三つの柱とする。（前橋）

■児童権利宣言
（Child Declaration of Rights）

「世界人権宣言」を具体化したものであり、国連総会において採択された。「人類は、児童に対し、最善のものを与える義務を負う」としている。（前橋）

■児童厚生員
（member of child public welfare）

地域の18歳未満のすべての子どもに、安全な遊び場や学習の場を提供し、その健康の増進と豊かな情操を育む一方、社会関係になじませるために様々な指導を行う。児童厚生員が働く場は、子ども会や母親クラブ等、地域の組織活動の拠点の役割も果たす。（前橋）

■児童指導員（child instructor）

家庭の事情や障害などのため、児童福祉施設で生活を送っている児童に対し、保護者に代わって、生活指導を行う指導者。

子どもたちに対する生活指導計画の立案や会議の運営、内部の連絡・調整、対外的な折衝、ケースワーク等を通じての家庭的援助、子どもの引き取りをめぐる親との面接、児童相談所や学校など、周囲との調整を行う。（前橋）

■児童自立支援施設
（children's self-reliance support facility）

不良行為を行ったり、犯すおそれがあり、かつ保護者による看護が適切でない家庭環境などの理由により、生活指導などを要する子どもたちを入所させ、教育と保護を行って、児童の自立を支援する施設である。（前橋）

■児童自立支援専門員・児童生活支援員 (member of children's self-reliance support specialty, member of child life support)

児童自立支援施設に入所、保護されている18歳未満の児童を、健全な社会の一員として復帰させるため、親代わりになって、その教育と自立・生活支援を行う。施設で寝食をともにしながら、生活や教育、職業などについて指導し、集団生活に耐えることができるように援助する。（前橋）

■児童相談所 (child consultation)

18歳未満の児童を対象に、養育困難、育児に問題がある場合などの相談を受け、適した援助を行う児童福祉の中心的な機関である。各都道府県、指定都市に義務設置されており、専門的な角度から児童や保護者などに対し、調査・診断・判定を行い、それに基づき、指導や措置を行う。必要に応じ、一時保護も行う。（前橋）

■児童福祉法 (the Child Welfare Act)

1947（昭和22）年公布。児童の生活を保障するとともに、心身ともに健やかに育成されることを目的とする児童に関する総合的な法律であり、今日の児童家庭福祉の施策体系の基本。「児童が人として人格を尊重され、健全に育成されなければならないこと」、「次代の社会の担い手として、児童の資質の一層の向上が図られなければならないこと」を理念とする。児童の育成の責任は、保護者だけでなく、国や地方公共団体も、ともに負うとされている。（前橋）

■児童養護施設 (foster home)

保護者がいない、または、いても養育能力がない、登校拒否や家庭内暴力によって養育できない、もしくは虐待を受けている等、家庭環境上の問題を抱えさせられている1歳〜18歳未満の子どもを預かり、家庭復帰をさせたり、社会的に自立をさせたりする施設である。（前橋）

■示範 (demonstration)

習得させようとする運動を行ってみせることによって、幼児の運動学習過程を誘発し、また、援助すること。示範を効果的に行うには、幼児の習熟レベルを見極めると同時に、幼児の運動共感を呼び起こすように、模倣の対象となる運動経過の特徴を強調して実施することが必要である。そのため、示範をする指導者はその運動経過を十分マスターしていることが要求される。また、状況によっては習熟レベルが近い幼児の中から、示範させることが効果を発揮することもある。（森）

■自閉症 (autism)

脳の中枢神経系に何らかの機能障害があるために、外からの情報や刺激を適切に処理できない、言語の理解が困難、コミュニケーションがうまくとれない、周囲の変化にうまく対応できずに混乱をきたしてしまう（パニックを起こす）、同じような行動を反復する、過敏さやこだわりが強い等の特徴が見られる発達障害。（前橋）

■ジャングルジム (Jungle gym)

固定遊具の一つで、パイプを縦と横に間隔を揃えて組み、さらに、それを複数の層で組んだ立方体のもの。手足を使って登ったり、横へ移動したりする遊具。（永井）

■重症心身障がい児
(serve mentally and physically handicapped children)

知的発達の遅れ（知的障害）と肢体不自由が重複し、そのどちらもの程度が重度の状態にある子どもをいう。（前橋）

■重度障がい児
(serverely disabled children)

重度の障害の状態にあるために、日常生活をするうえで、常に介護を必要とする者。（前橋）

■柔軟性（flexibility）

からだの柔らかさのことで、身体をいろいろな方向に曲げたり、伸ばしたりする能力のこと。この能力が優れていると、運動をスムーズに大きく、美しく行うことができる。（前橋）

■受容あそび（acceptance play）

様々な視聴覚遊具・機器などを用いて行われる。基本的には、受容形式で楽しむあそびの総称である。現代社会においては、この受容あそびは非常に拡大し、乳幼児のあそび時間の多くが、このあそびに向けられるようになっている。読書、ビデオやテレビの視聴、CD を聞くこと等があげられる。受容あそびは、豊かなイメージを育て想像力をかき立てたり、日常の生活では経験できないことを見たり聞いたりすることもできるので、一般に乳幼児は非常にこれを好むとされている。用いる遊具や内容の質に配慮しながら、単に受容に終わらず、ことばや身体表現など、何らかの形で表現できる機会を同時に与えていくことが必要である。（松原）
【小田豊監修：保育内容総論，三晃書房，2002.】

■瞬発力（power）

パワー（power）という言葉で用いられ、瞬間的に大きな力を出して運動を起こす能力をいう。筋力を瞬時に発揮する能力で、短距離を速く走ったり、遠く・高く跳んだり、物を投げたりする運動やあそびで養成される。（前橋）

■ジュニアスポーツ指導員
(junior sports instructor)

2005 年 4 月、少年スポーツ指導者が改称され、ジュニアスポーツ指導員となった。地域スポーツクラブ等において、幼・少年期の子どもたちにあそびを通した身体づくり、動きづくりの指導を行う指導者で、（財）日本体育協会が認定している。（前橋）

■シューエデュケーション
(shoes education)

正しい靴の選び方と履き方の教育のこと。人間工学とドイツの整形靴理論に基づいており、足のトラブル予防とけがの予防を目的としている。正しい靴行動を行うために必要な 3 つの力を、前提としている。それらは、【1. 靴の機能性選定力】靴の性能や機能性に対する正しい知識を元にした靴選びができる。【2. 靴サイズ選定力】足の正しい寸法を測って適切なサイズの靴を購入できる。【3. 正しい履き方行動力】靴の正しい履き方を知っており、日常生活行動として身につけている。対象年齢としては、自分で靴を履き始める 2 歳ごろをスタートと位置づけており、2 〜 9 歳までには正しい履き方教育を行い、10 歳以上には正しい靴の選び方教育も加味して指導する。なお、【1. 靴の機能性選定力】【2. 靴サイズ選定力】は、子ども靴を買い与える保護者が確実にもっているべき力であり、

【3. 正しい履き方行動力】は、子どもた
ち自身が身につける必要がある。（吉村）

■**シューエデュケーター**
（Shoe educator）
　靴教育の指導ができる知識と技術を
もった教育者のこと。（吉村）

■**傷害**（injury）
　人にけがをさせること。（前橋）

■**障がい児**（handicapped child）
　心身に障害をもつ児童。20歳未満で、
一定の障害の状態にある者。（前橋）

■**松果体ホルモン（メラトニン）**
（melatonin）
　睡眠を促す働きがある。この松果体ホ
ルモン（メラトニン）の分泌が、健康な
状態では、午前0時頃にピークとなり、
脳内温度（深部体温）を低下させるので、
神経細胞の休養が得られ、ヒトは良好な
睡眠がとれるのである。（前橋）

■**少子化**
（declining birthrates, decrease in
the number of children）
　子どもの数が減少傾向にあることで、
出生数と合計特殊出生率を指標にして示
される。少子化の背景には、晩婚化の
進行と夫婦の出生力の低下などがある。
（前橋）

■**象徴あそび**（symbolic play）
　身のまわりのものを、それとは違った
ものに見立て遊ぶことをいう。ごっこあ
そび、想像あそび等とも、同じ概念であ
る。ピアジェ（Piaget, J1896-1980）は、
幼児期に記号的な機能が芽生えてきたと
兆候をとらえている。おおむね2～5歳
にかけて、このようなあそびが現れる。
一般的には、本当のことではないことを
知りつつ、それを本当のもののようにし
て遊ぶ。時には自分の思いどおりになら

ずに相手に要求したりして、自分の描い
たあそびの世界に自分を置き、自分で演
出しているようなものである。（松原）
【小田　豊監修：保育内容総論，三晃書
房，2002】

■**小児生活習慣病**
（children's lifestyle related illness）
　近年、子どもたちに、生活習慣病予備
軍がみられるようになった。生活習慣病
予備軍の増加には、食習慣と運動不足が
大きく関与している。食習慣では、動物
性脂肪の過剰摂取と過食傾向（間食、夜
食など）、および、過保護と放任（孤食、
偏食、小食）が問題である。生活が夜型
に偏れば、夜食や起床時刻の遅れによる
朝食欠食など、食生活の乱れの連鎖が生
じる。また、睡眠不足から「疲れ、だる
さ」等、疲労症状が増し、運動意欲が著
しく低下する。1日1回は、家族揃って
食卓を囲むひと時をもつこと、戸外での
運動に努める等して、家族の生活を見直
してもらいたい。（森）
【甲賀正聡著：子どもの病気・新時代，
中央法規出版，pp.194-201，1995.】

■**情緒障害／情緒障がい児**
（an emotionally disturbance, an
emotionally disturbed child）
　情緒障害は、人間関係のあつれき等を
原因として、感情面に歪みを生じ、その
結果、起こってきた行動障害のことで、
情緒障がい児は、情緒を適切に表出した
り、抑制したりすることができない子ど
も。（前橋）

■**触刺激のあそび**
（play of the most moving passage
stimulation）
　風や熱（ドライヤー）、水や湯（シャ
ワー）、風や水の勢いを調節することに

より、様々に皮膚の刺激の強さを変化させ、皮膚の触感覚を促進するあそび。水あそび、ボールプール、砂あそび（砂、泥、ボールの代わりに、紙、スポンジ等）、フィンガーペインティング、粘土などの感覚あそびをいう。（前橋）

■触診（palpation）

触診は、遊具の安全点検方法の一つで、素手で触りぐらつきやささくれ等がないかを確認すること。手すり部、床板など、破損・摩耗箇所を調査する。（ジャクエツ）

■自律神経（autonomic nerve）

自律神経は、内臓や血管、腺などに分布し、生命維持に必要な呼吸、循環、消化吸収、排泄などの機能を無意識のうちに自動調節する。人間が昼に活動し、夜眠るというリズムがあるように、自律神経も日中は交感神経が優位に緊張し、夜眠るときは副交感神経が緊張するというリズムがある。人間の生活リズムが乱れると、自律神経の本来もつ機能が低下し、温度変化に対する適応力、汗せんや体温調節機能がますます低下する。（前橋）

■身体活動の効果

（effect of the physical activities）

筋肉は、運動することによって強化される。砂あそびやボール投げ、ぶらんこ・すべり台・ジャングルジム等を利用してのあそびや身体活動は、特別な動機づけの必要もなく、ごく自然のうちに運動となり、筋力をはじめ、呼吸循環機能を高め、身体各部の成長を促進していく。つまり、動くことによって、体力や健康が養われ、それらが増進されると、幼児は、より活動的な運動を好むようになり、同時にからだの発育が促され

ていく。ただし、発達刺激としての身体活動は、身体的発達を助長するばかりでない。そこから、結果として、情緒的な発達、社会的態度の育成、健康・安全に配慮する能力などを養い、人間形成に役立っていく、必要不可欠で、かつ、極めて重要なものといえる。（前橋）

■身体認識力

（physical cognition, body awareness）

身体部分（手、足、膝、指、頭、背中など）とその動き（筋肉運動的な動き）を理解・認識する力で、自分のからだが、どのように動き、どのような姿勢になっているかを見極める力である。（前橋）

■新体力テスト

（New physical fitness test）

文部省（現：文部科学省）が、昭和39年以来、国民の体力・運動能力の現状を把握するために実施してきた「スポーツテスト」を全面的に見直して、平成11年度の体力・運動能力調査から導入した体力・運動能力テスト。テスト項目は、6～11歳（小学校）、12～19歳（青少年）、20歳～64歳（成人）、65歳～79歳（高齢者）に区分し、定められている。例えば、6～11歳のテスト項目は、握力、上体起こし、長座体前屈、反復横とび、20mシャトルラン、50m走、立ち幅とび、ソフトボール投げである。（生形）
【文部省著：新体力テスト－有意義な活用のために，ぎょうせい，2000.】

■ す ■

■随意運動（voluntary movement）

運動は、神経の働きによって、無駄なく上手に行われるように調整されている。大脳の判断によって意識的に行われ

る運動を随意運動といい、無意識のうちに脳幹や小脳、脊髄などによって行われる運動を反射運動という。実際の運動は、随意運動と反射運動がうまく組み合わさって行われる。(中嶋)
【森　昭三：中学保健体育，学習研究社，2003.】

■水泳 (swimming)

　海・川・プール等、水に入って泳ぐこと。また、水を使って遊ぶこと。水泳は、水の中を泳ぐことであるが、水慣れから初歩の泳ぎまでには、①水慣れの段階、②呼吸法や浮くことに慣れる段階、③初歩的な泳ぎの段階がある。幼稚園や保育所では、夏季の保育においてプールあそびとして取り上げられているが、水を怖がる子や不安に感じる子がみられる。これらの水に対する怖さや不安感は、見た目、皮膚感覚、痛感、不安定感、息苦しさ等から生じる。したがって、そうした子どもをつくらないようにするためには、水あそびから泳ぎへの系統的な指導の中で、いかに楽しさをたくさん経験させていくかが重要となる。(永井、鍛治)

■水分摂取 (熱中症予防)
　(water intake, fluid intake)

　幼児は、大人に比べて体内の水分の割合が高いので、汗をかくと、大人より早く脱水になりやすいので、炎天下や夏の室内での運動時には、水筒を持参させるとよい。水筒には、麦茶を入れておくと良い。室内で運動する場合は、風通しを良くする。温度や湿度が高い場合には、熱中症を予防するために、大人より短い間隔で、休養や水分摂取を勧める。幼児の年齢によっては体力が異なるので、2〜3歳児は、4〜6歳児より頻回の休養と水分摂取を促してもらいたい。(前橋)

■睡眠と活動のリズム
　(sleep and activity rhythm)

子どもの年齢と睡眠時間の変化

　赤ちゃん時代には、「起きて寝て」、「起きて寝て」を繰り返しながら、トータルでみると、睡眠は少なくとも16時間は取る。そして、だんだん食を進めて体格ができ、太陽が出ている時間帯に動くようになって、体力がついてくる。体力がついてくると、睡眠の部分が減ってくる。4〜5歳くらいになると、昼寝を合わせると、図の右側で示す睡眠時間になっていく。そして、成長していくと、昼寝をしなくてもいい、そういう、強いからだができてくる。つまり、脳が発達し体力がついてくると、寝なくてもよい時間が増えてくるのである。逆に、体力が未熟な子どもは、幼児期の後半〜児童期になっても、まだまだ昼寝が必要な子どももいる。やがて、成人をすぎ、高齢になると、体力が弱まってきて、また、複数回眠るという状況になる。そういう生理的なリズムを、ヒトは原始時代から、太陽とつき合って生活する中で築き上げてきたのである。

　5歳くらいでは、午後8時くらいには眠れる生理的リズムをもっている。夜間は少なくとも10時間、昼寝を入れると11時間くらいは寝るからだになる。つまり、幼児期から、夜間はだいたい10

時間の連続した睡眠が取れるようになってくる。（前橋）

■スキップ（skip）

片足ずつ、2回跳びはねながら、交互に足を入れ替え走ること。走ることやジャンプすることが十分にできるようになってから学習する少し複雑な運動形態である。幼児期に習得できるようになるのが普通であるが、小学生になっても上手にできない子どももいる。足だけではなく、手の振りが重要な役割を果たしているため、手と足の協応性がポイントとなる。（田中）

■スクールソーシャルワーカー

（school social worker）

学校教育の中で、問題解決のためにケースワークやグループワーク、さらには調整や仲介、代弁、連携といったソーシャルワーク的な手法を用いる専門職。（前橋）

■健やか親子21

（Healthy parent and child 21）

21世紀の母子保健の取り組みの方向性を提示するものとして、目標値を含めて計画されたものである。これは、少子化対策としての意義に加え、少子・高齢社会における国民の健康づくり運動「健康日本21」の一環となるものである。（前橋）

■ストレス（stress）

外からの刺激によって、体内に発生する正常でない反応。精神的な心配、不安、焦燥、不快などが肉体的な飢餓、傷、過労などと同等に、肉体的にも、精神的にも障害を与えること。（前橋）

■ストレンジ

（1854-1889 Strange, Frederic William）

ストレンジ教授は、1875年に来日し、わが国の学校体育の萌芽期に外国のスポーツを学校生活にとり入れただけでなく、運動会が学校行事として確固たる地位を占めるまでに発展させたという貴重な功績を残したイギリス人である。

1883（明治16）年に、ストレンジ教授の尽力により、東京大学にて運動会が開かれた。運動会は、学部、予備門合同の陸上運動会で、種目には、100ヤード走、220ヤード走、440ヤード走、880ヤード走、ハードルレース、走り幅跳び、走り高跳び、棒高跳び、クリケットボール投げ、砲丸投げ、慰め競争（敗者による競争）があり、今日の陸上競技大会に似ており、レクリエーション的種目は見られなかった。また、この運動会には、競技というものが、公平に、かつ公正に、はっきりとしたルールによって行われるべきであるという競技者心得が示された。

このストレンジ教授の考え方は、1884（明治17）年に開かれた東京大学レースクラブの「ボートレース」のときにも、はっきりと示された。勝った者に賞品を与えず、その代わりに、メダルを授与した。日本人的感覚からいくと、勝者に対し「よくやった、ほうびをとらせるぞ」という昔からの伝統的なやり方で競技の気分を盛り上げることが普通であったが、ストレンジ教授は、当時の日本人に対し、①苦労して練習し、全力をあげて試合をすること、②きちんとしたルールにしたがって、公平・公正に試合をすること、③試合の記録を大切にすること、④賞品をあてにしないことを教えてくれた。つまり、賞品をめあてとしないで、競技すること自体に価値があることで、そのためには、正確な計時や記録

を残し、公正でかつ公平に競技をすすめなければならないということであった。このときの考え方は、日本のスポーツ界に強い影響を与えており、日本のアマチュアスポーツの基礎ともなっていった。（前橋）

■砂場 (play in a sandbox, a sandpit)
公園・運動場などの一画を掘って砂を入れた所。子どもの砂あそびや跳躍競技の着地場にする。（永井）

■スピード (speed)
物体の進行するはやさをいう。動作や行動の速度、速さを表す外来語。（前橋）

■スプリング遊具 (spring playground equipments)
固定遊具の一つで、地面に鉄製のスプリングを固定し、スプリングの上に座面と持ち手を付けた遊具。座面にすわり、前後に振動させて遊ぶ。（永井）

■すべり台 (playground silde)
固定遊具の一つで、斜めに傾斜した板の高いところから、滑って降りる子ども用の遊戯設備。公園や校庭、園庭に標準的に設置されるすべり台は、シンプルな機能をもっているが、おもしろさがいっぱいある。（永井、前橋）

■スポーツ事故 (sports accident)
体育・スポーツ活動で、活動する人の身体や生命に何らかの原因によって損害を生ずること。事故の要因には、運動する幼児自身の要因、施設や用具などの物的要因、指導の要因、運動そのものに内在する要因がある。さらに、運動する幼児の要因には、体調不良、注意力散漫、過緊張、不適切な服装、ルール無視などの行動がある。施設・用具などの要因には、施設・用具の構造的欠陥や保守管理の不備による不具合などがある。野外活動での気象条件の悪化も含まれる。指導の要因には、被指導者の体力・技能・経験・健康状態などに不適合な指導や監督などがある。事故は、これらの要因が複合して発生することが多い。（森）
【中村　平著：運動事故と補償論、宇土正彦ほか編著『体育経営管理学講義』、大修館書店、pp.148-157、1989.】

■ せ ■

■正課体育 (physical education of a regular curriculum)
幼稚園の教育時間内に行われる体育活動。マット、跳び箱、鉄棒といった器械運動、縄跳びやボール等の用具を使った運動、そして、鬼ごっこや簡易ゲームのような身体を使ったあそび等、幅広い運動内容が学べるように展開されている。（池谷）

■生活習慣病 (lifestyle-related disease)
動脈硬化・心臓病・高血圧症・糖尿病・悪性新生物（ガン）など、不適切な食事、運動不足、喫煙、飲酒などの生活習慣が起因と考えられる病気をいう。1996年に、厚生省（現在の厚生労働省）によって、それまでの「成人病」という呼び方が改められた。（前橋）

■生活リズム (life rhythm, daily rhythm)
人間は、毎日、リズムのある生活をしており、例えば、午前7時に起床して午後9時に就寝するというのが生活のリズムである。朝目覚めて夜眠くなるという生体のリズム、銀行は午前9時に開店して午後3時に閉店するとう社会のリズム、朝の日の出と夕方の日の入りという地球のリズムがある。
原始の時代においては、地球のリズム

が即、社会のリズムであった。その後、文明が進み、職業が分化して、生活のリズムも少しずつ規則正しくなり、食事も1日3食が普通となっていった。さらに、電灯が普及し、活動時間が延びると、社会のリズムが地球のリズムと一致しない部分が増加してきた。活動時間も長くなり、現代では、24時間の勤務体制の仕事が増えて、生活のリズムは、このような社会のリズムの変化に応じて変わってきた。夜間のテレビやビデオ視聴をする子どもや両親の乱れた生活のリズムの影響を受けて夜型生活をして睡眠のリズムが遅くずれている子どもたちは、生活のリズムと生体のリズムが合わないところに、ますます歪みを生じ、心身の健康を損なう原因となっている。（前橋）

■**生物時計**（biological rhythm）
　生物の行動のリズムが外環境からの時間の手がかりのない状態でも観察されることより、生物の体内にリズムを作る時計があることを示す。これを生物時計（biological clock）、あるいは体内時計（endogenous clock）と呼び、体内時計によって表されるリズムが生体リズムであり、生物の表すリズムという観点からは、生物リズム（biological rhythm）という。（前橋）

■**生体リズム**（biorhythm）
　体内時計によって表されたリズムを生体リズムというが、生体リズムの種類には、24時間よりやや短い周期の生体リズムを表すサーカディアンリズム（circadian rhythm、概日リズム）や、ほぼ1年の周期をもった生体の活動リズムであるサーカニュアルリズム（circannual rhythm、概年リズム）等がある。また、1日の周期をもったリズム

で、外環境に対する受け身の反応も含む場合を日周リズム（diurnal rhythm）と呼ぶ。そして、日周リズムを表す生体機能が、1日のうちに示す変動を日内変動と呼んでいる。（前橋）

■**セラピスト**（a therapist）
　精神障害や行動障害などの治療技法の訓練をつんだ専門家である。（前橋）

■**セロトニン**（serotonin）
　脳内神経伝達物質。愛情や幸福感をつかさどる伝達物質であり、このセロトニンが多く出ていると、幸福感が感じられるのである。児童虐待をしている母親は、脳のセロトニン量が少ない。このセロトニンが足りないと、「キレる」、「授業中に走り回る」という問題行動も起こりやすくなると考えられている。（前橋）

■**潜在危険**（latent danger）
　潜在危険とは、事故が起こってから、これが原因だったのかとわかるようなもので、不慮の事故や思いがけない事故といわれるほとんどは、これが主要因となっている。例えば、不慮の事故は、子ども場合、不可抗力で発生する事故は少なく、何らかの原因が影に潜んでいることが多い。事故が発生すると、その原因がはっきりするが、普段はそれが潜んでいるかのようにみえるので、それを潜在危険という。
　潜在危険は、子どもを取り巻く環境の要因と、子どもの行動や能力などの問題による人為的要因とに大別できる。前者には、天候、施設や設備の不備や不具合、用具・道具類の破損や不適合がある。後者には、主体的要因として、心身状態の不安定、服装の不適合、行動の不適合と、周囲の人的要因として、まわりの人の危険な行動がある。こうした様々

な要因が子どもたちの周囲に点在しており、何かのきっかけによって、またいくつかの要因が重なり、やがて事故となって表出する。それゆえ、子どもを取り巻く環境から、常に潜在危険を取り除くための配慮や努力をしなければならない。（鍛治）

【伊東順子ほか：保育内容 健康，圭文社，p.104，2001.】

■前転（making a frontal turn）
　マット運動や鉄棒などで、からだを前方に回転させること。（永井）

■前方（front）
　直立した状態から、身体の前方面に運動を行う場合を前方と表現する。（田中）

■ そ ■

■操作系運動スキル（manipulative skills）
　投げる、蹴る、打つ、取る等、物に働きかけたり、操ったりする動きの技術をいう。（前橋）

■創造あそび（creative play）
　様々な道具や遊具を用いて、素材となるものを基本にしながら、何かを生み出していくあそびの総称。創造あそびは、成人の芸術的創作活動に継続的に発展していくものであるが、乳幼児期には特定の子どもだけでなく、どの子どもにも見られる。子どもの主体性に任せて展開するが、創造の元となる体験をもたせ、製作の際に干渉しすぎないよう留意しながら素材や道具の扱いを援助し、段階的に指導していくことが求められる。（松原）

【小田　豊監修：保育内容総論，三晃書房，2002.】

■想像あそび（imaginative play）
　何かをイメージしながらするあそび。想像あそびは、ごっこあそびよりもさらに範疇の広い象徴的あそびである。ごっこあそびの場合には、自らが演じる者に現実生活における社会的役割が付帯している場合が多いが、想像あそびの場合は社会的役割が伴わないものも含まれる。花びらや蝶、鳥になったり、ぬいぐるみ等を用いて、遊具に生命を与え、役柄を演じさせるようなあそびも想像あそびに含まれる。想像あそびは、幼児期の場合、現実と空想が渾然一体となって発生するが、成人の妄想や幻覚とは異なり、幼児期ならではの想像性を源としている。模倣、役割、象徴あそびともいう。（松原）

【小田　豊監修：保育内容総論，三晃書房，2002.】

■ソーシャルワーク（social work）
　調査・診断・サービス・評価を繰り返し進んでいく社会福祉の方法で、ワーカーはクライエントが問題解決をするのに側面的に援助する。（前橋）

■側転（side tuen）
　開脚姿勢から側方へ、手・手・足・足の順につきながら、倒立を経過して1回転をする。（永井）

■側方（a flank）
　基本的には直立した状態から、左右の横方面に運動を行う場合、横方向を側方と表現する。（田中）

■ た ■

■体育あそび（physical education play）
　「体育あそび」とは、教育的目標達成のため、身体的な面だけでなく、社会的な面や精神的な面、知的な面、情緒的な面を考慮に入れた体育教育的営みのある「運動あそび」のことである。つまり、大筋肉活動を主体とした運動量を伴

うあそびである「運動あそび」を、教育の目標を達するために使用した場合、その運動あそびを「体育あそび」と呼んでいる。

体育あそびでは、身体活動を通して身体の発育を促したり、楽しさを味わわせたり、体力や技能を高めることもねらっている。さらに、友だちといっしょに行うので、社会性や精神的な面も育成できる。そして、そのプロセスでは努力する過程のあることが特徴である。（前橋）

■体温異常（temperature abnormality）

睡眠不足や運動不足、朝食の欠食・夜食の摂取、朝の排便のなさ、冷暖房に頼りすぎの生活などが原因で、自律神経の調節が適切に行われなくなり、その結果、体温が低すぎたり、高すぎたり、1日の変動が2℃近くであったりする体温の異常な現象。（前橋）

■体温測定

（the temperature measurement）

水銀体温計は、測定時間が10分かかるが、測定値は正確である。電子体温計は、1、2分で測定できるので、簡便であるが、ほとんどが予測式なので、水銀体温計に比べて、多少誤差を生じやすい。なお、腋窩で正確に測定するためには、体温計をはさんで、腋窩をぴったりつけておくように説明すること。また、腋窩に汗をかいていると体温が低く測定されてしまうので、汗を拭き取ってから測定する。

体調不良の可能性があるときは、体温を測定することをすすめる。幼児は、体温調節中枢が未熟なため、運動や環境温度により、体温が変動しやすいので、運動時の環境調整と、こまめに着衣を調節させることが必要である。（前橋）

■体温調節（temperature control）

生後3日間ぐらいは、比較的高温の時期が見られ、漸次下降して、100日を過ぎると、およそ37℃から、それ以下となり、約120日ぐらいで、体温は、安定する。そして、2歳〜3歳頃より、体温に生理的な日内変動がみられてくる。そして、個人差はあるが、3歳頃になると、多くの子どもは体温調節がうまくなって、その後、集団での活動や教育に参加しやすくなる。（前橋）

■体温リズムの変化

（change of the temperature rhythm）

乳幼児期には、体温調節機能が未発達のために、外部環境の影響を受けて、体温は変動する。一般に、生後3日間ぐらいは、比較的高温の時期が見られ、漸次下降して、100日を過ぎると、およそ37℃から、それ以下となり、120日ぐらいで安定する。そして、2歳〜3歳頃より、生理的な日内変動がみられ、1日のうちに、0.6〜1.0℃の変動を示すようになる。日常生活では、体温は一般に午前3時頃の夜中に最も低くなり、昼の午後4時頃に最高となる一定のサイクルが築かれる。このような日内変動は、ヒトが長い年月をかけて獲得した生体リズムの1つである。例えば、午後4時前後の放課後の時間帯は、最も動きやすい時間帯（子どものゴールデンタイム）なのである。（前橋）

■太鼓橋（arched bridge）

太鼓の胴のように、まん中が半円形に盛り上がったはしご状の橋。ぶら下がったり、登ったり、くぐったり等して遊ぶ。（永井）

■体操（gymnastics）

丸太ころがりや前まわり、後ろまわ

り、バランス運動のような回転運動やスタンツの実践を指し、走る、リープ、ホップ、ジャンプ、ギャロップ、スライド、スキップ、バランス、まわる等の簡単な動きの連続、ぶら下がったり、支えたり、登ったり、降りたりする簡単な器械運動を含む。（前橋）

■**体操服**（gym suit）

運動や体操をするときに身につける服のこと。

望ましい幼児用体操服の条件として、運動をさまたげない形状の半そでTシャツ型、半ズボン（股下の長すぎない形状）を基本形としていること。冬用としては、長袖ジャージジャケット、長丈ジャージズボンも用いる。フードは事故やケガの原因となるため使用しない。身体のサイズに適しており、突出している腹部が食い込まないよう、3か月に1度はサイズの調整をする（成長のゆとりは1サイズ以内）。生地の特性として伸縮性、吸湿透湿性に富んでいること。靴下は、靴より目が行き届かない場合が多く、きついサイズ、大きすぎるサイズともに足のために望ましくないため、定期的にサイズの確認が必要。靴下は、運動靴との摩擦から足を保護し、衛生（汗や分泌物の吸収）上の必要性から、必ず履かせる。（吉村）

■**体調確認**

（physical condition confirmation）

運動開始時を中心に、一人ひとりのからだの調子や機嫌、元気さ、食欲の有無などを確認することであり、気になるときは、体温を測定するとよい。また、運動中に発現した異常についても、早期に発見することが大切である。子どもは、よほどひどくないかぎり、自分から体調の不調や疲れを訴えてくることはまれにしかないので、指導者は常に気を配り、言葉かけをしながら、表情や動きの様子を観察して判断する。（前橋）

■**タイヤリング**（tire ring）

チェーンで吊り下げた不安定なタイヤを登り、踊り場に乗り移る遊具。

全身の筋力や瞬発力、平衡性や協応性、巧緻性などの調整力を養い、移動系運動スキル（登る・下りる）を身につけることができる。（前橋、ジャクエツ）

■**体力**（physical fitness）

体力とは、人間が存在し、活動していくために必要な身体的能力である。このような意味での体力は、大きく2つの側面にわけられる。一つは、健康をおびやかす外界の刺激に打ち勝って健康を維持していくための能力で、病気に対する抵抗力、暑さや寒さに対する適応力（温度調節機能）、病原菌に対する免疫などがその内容であり、防衛体力と呼ばれる。もう一つは、作業やスポーツ等の運動をするときに必要とされる能力で、積極的に身体を働かせる能力であり、行動体力

と呼ぶ。つまり、体力とは、種々のストレスに対する抵抗力としての防衛体力と、積極的に活動するための行動体力を総合した能力であるといえる。(前橋)

■台上前転(a front turn in a space)
　跳び箱の上で前転をすること。(永井)

■高ばい(crawling with four pairs)
　両手と両足を地や床につけ、腰を高くして這うこと。四つん這いともいう。また、その姿勢。(前橋)

■竹馬((walk on) stilts)
　2本の竹竿に、それぞれ足を置く横木をつけたもの。竿の上部を握り、横木に足を乗せてバランスを取りながら、歩いたりする。(永井)

■立ち幅とび(standing broad jump)
　踏み切り線から、両足で同時に踏み切って前方へ跳ぶ跳び方。基礎的な運動能力である跳ぶ能力を測定する方法。(前橋)

■立ち幅とびの測定法
　(measurement method of standing broad jump)
　立ち幅とびの測定方法は、マットまたは砂場で、踏み切り線の手前に立たせてから、両足でジャンプさせて、踏み切り線から、着地点までの跳躍した距離を測定する。(生形)

【すこやかキッズ体力研究会編：体格体力測定実施要項-幼児版, 2006.】

■脱臼(dislocation)
　関節が異常な方向へねじる強い外力を受け、骨が異常な位置に転移した状態であり、強い痛みを伴う。子どもでは、肘、手首、肩の関節に起こりやすい。関節のまわりの靱帯や、血管や神経を損傷してしまうことがあるので、脱臼した骨を関節に戻そうとしてはいけない。まわりが危険でなければ、できるだけその場で、脱臼した部位を身体に固定して、動かないようにする。(前橋)

■脱臼部位の固定
　(fixation of the dislocation part)
　固定する位置は、本人が一番痛くない位置で固定する。上肢の関節(肘や肩)の痛みを訴える場合は、本人が一番痛くない角度で、腕を身体の前にもってくる。腕と胸の間に三角巾を置き、腕と胸の間にタオルのような柔らかいものをはさんで、三角巾で腕とタオルをつる。さらに、腕と三角巾のまわりを、幅の広い包帯または三角巾で巻いて、腕を身体に固定したまま、病院に行くこと。(前橋)

■ダルクローズ
　(1865-1950 Emile Jaques-Dalcroze)
　作曲家、音楽教育家。とくに、今日、多くの国で取り入れられている音楽教育法、リトミックの創始者として有名。ウィーンで生まれ、6歳からピアノレッスンを受け、10歳で引っ越したジュネーブを生活の拠点とした。ジュネーブ音楽院のほか、パリやウィーンでピアノや和声学、演劇、作曲などを学んだ。27歳でジュネーブ音楽院の和声理論とソルフェージュの教授になる。自分が子ども時代に受けたピアノレッスンが演奏技術中心であったことに疑問を抱き、幼児期に必要な音楽教育のあり方を研究した。その結果、心とからだの発達段階を考慮すべきであると気づき、音楽教育に身体的リズム運動を入れるに至った。(松原)
【バンドゥレスパー・石丸由理訳：ダル

クローズのリトミック，ドレミ楽譜出版社，2002.】

■だるまさんまわり
(the daruma circu-mference)

座った姿勢で足の裏を合わせて握り、横へ倒れ、背中を中心（背骨を軸に）に反対側へ回転しておきる。（永井）

■タンブリング（tumbling）

マットの上で連続的に行う跳躍・転回運動の総称。（永井）

■ ち ■

■地域子育て支援センター
(local child care support center)

エンゼルプランのひとつ、緊急保育対策等5か年事業の一環として、地域住民を対象に、育児に対する不安についての相談・助言を行ったり、地域の子育てにかかわる各種サークルへの支援などを行う相談支援機関である。（前橋）

■知覚運動スキル
(perceptual motor skills)

知覚した情報を受けとめ、理解・解釈し、それに適した反応を示す技術で、身体認識、空間認知、平衡性、手と目・足と目の協応性の能力を促進させる。（前橋）

■知的障がい児
(mentally-handicapped child)

おおむね知能指数75以下で、脳に何らかの障害を有しているために知的機能が未発達で、精神的な面や学習能力、社会生活への適応などが困難な状態であり、何らかの特別の支援を必要とする状況にある児童。知的指数25ないし20以下を「重度」、知能指数25～50を「中度」、知能指数50～70を「軽度」を分類している。（前橋）

■知的障がい児施設
(institution for mentally retarded chirldren)

18歳未満の知的障がい児のうち、障害の程度により、または、家庭において保護指導することが適切でない場合、親から離れて、子どもが生活する施設である。（前橋）

■聴診（auscultation）

聴診は、遊具の安全点検方法の一つで、異常音やがたつき音などの発生箇所を確認すること。ブランコの駆動部（ベアリング）の破損・摩耗を調査する。（ジャクエツ）

■注意欠陥多動性障害（ADHD）
(attention deficit hyperactivity disorder)

衝動性・抑制機能の欠如を基本に考え、付随して多動性や注意欠陥があるとされている。集中力に欠け、衝動的で、落ち着きがない等の症状がみられる。俗に、「多動症」、「ハイパーアクティブ」とも呼ばれている。（前橋）

■調整力（coordination）

調整力とは、運動をバランスよく（平衡性）、すばやく（敏捷性）、巧み（巧緻性）に行う能力である。つまり、運動を正確に行う力であり、いろいろ異なった動きを総合して目的とする動きを、正確に、かつ円滑に、効率よく遂行する能力をいう。協応性とも、しばしば呼ばれることがあり、平衡性や敏捷性、巧緻性などの体力要素と相関性が高い。（前橋）

■ つ ■

■築山（a rockery, an artificial hill）

人工的に作られた山。幼稚園、保育所などでは、からだを使ったあそびを誘

う環境の一つとして園庭内に作られている。(廣中)

■つき指 (jamming a fnger)

強い外力や急激な運動によって、組織が過伸展し、骨や関節周囲の靭帯や、筋肉や腱などが損傷を起こした状態をいう。つき指は、手指の腱と骨の断裂である。つき指は、引っ張ってはいけない。動かさないようにして、流水、または氷水で冷やしたタオルを3〜4分おきに絞りなおして指を冷やす。痛みがひいてきて、腫れがひどくならないようなら、指に市販の冷湿布をはり、他の指といっしょに包帯で巻いて固定する。その日は、指を安静に保つ。腫れが強くなったり、強い痛みが続くときは、病院を受診すること。指は軽く曲げたままで、指のカーブにそって、ガーゼやハンカチをたたんだものを当てる。

損傷した部位の関節を中心に包帯を巻いて固定し、挙上して様子をみる。腫れがひどくなる場合や、痛みが強く、持続する場合には、骨折の可能性もあるので、整形外科を受診するよう、すすめる。

つき指の受傷直後は、"RICE"にそって処置するとよい。RICEとは、次の内容をさす。

R (Rest)　　　　：安静にする
I (Ice)　　　　　：氷や氷嚢で冷やす
C (Compress)　：圧迫固定する
E (Elevate)　　 ：損傷部位を挙上する (前橋)

■綱引き (a tug of war)

まっすぐに伸ばされた長い綱の中心を境に、両端を引き合う運動種目である。その年の米の作柄を占う神事の一つとして発生した農民の伝統行事の応用として発展した運動会種目である。(前橋)

■吊り輪渡り (rings pass)

三角形の持ち手が左右に揺れる運梯。通常の雲梯より、高いレベルの調整力と握力が必要。握力や腹筋力、背筋力などの筋力を高める。また、伝い移動することにより、身体調整力やリズム感を養い、移動系運動スキル(伝い移動)を身につける。ただ持ち手に、その場でつかまって、ぶら下がる運動をするのであれば、筋持久力を高め、非移動系運動スキル(ぶら下がる)を育成する。(前橋)

■て■

■Tスコア (t-score)

測定項目の単位が異なる記録を相互に比較するために、各項目の平均を50点とし、標準偏差を10点の拡がりに換算したもの。次の計算式で表される。

Tスコア = ((記録) − (平均値)) ÷ (標準偏差) × 10 + 50

ただし、25m走のように、測定値が小さいほど良い記録となる項目では、平均値と記録を入れ替えて(平均値) − (記録)で計算する。学校の平均値と個人記録の比較、あるいは全国平均値と学校の平均値の比較などに使われる。Tスコアをレーダーチャート(測定項目に対応する放射状の軸にTスコアをプロットし、

折れ線でつないだグラフ）に表すと、測定項目間のバランス・水準をわかりやすく表現できる。レーダーチャートの多角形の面積は、大きいほど良く、正多角形に近いほど、測定項目間のバランスが良いことを表す。(生形)
【文部省：新体力テスト－有意義な活用のために，ぎょうせい，2000．】

■**ティーボール**（teeball）

「ティーボール」とは、野球やソフトボールと同じように行うベースボール型のゲームで、異なるところは、ピッチャーがいないことである。打者は、ティーの上に置かれた静止したボールをバットで打ってゲームが始める。だれでも「打つ」喜びを味わえ、子どもから高齢者まで、障害をもった方にも楽しめるスポーツである。(片岡)

■**ティーボールあそび**（teeball play）

「ティーボールあそび」とは、ティーボールのまねっこあそび、導入あそびとして、前橋 明氏によって創作された運動あそびである。幼児や親子でも、簡単で安全に楽しく取り組めるように、伝承あそびやリレーゲームや的あてあそび等をアレンジして創られている。

ボールを乗せるティー（ティーボール用のティー、もしくは、カラーコーンの先端を切ったもの）を使用し、その上に安全で柔らかいボールを乗せて、バットやテニスのラケット、素手でボールを打って遊ぶ。守っている子どもたちは、柔らかいボールを素手で捕球する。また、室内で行う場合には、新聞紙を丸めたボールやビーチボールを使用して遊ぶことができる。(片岡)

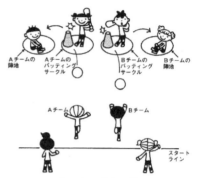

ヒット・キャッチ

【前橋 明：幼少児のためのティーボールあそび，大学教育出版，pp.68-69, 2006．】

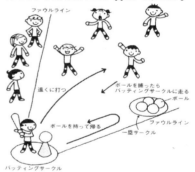

ボールコレクター

【前橋 明：幼少児のためのティーボールあそび，大学教育出版，pp.88-90, 2006．】

■**低体温**（hypothermia）

腋下で36℃を下まわる体温を低体温と呼び、37℃を超えると高体温とする。(前橋)

■**デイケア**（day care）

日中、1日を通して乳幼児を預かる事業をさす。(前橋)

■**鉄棒**（horizontal bar）

器械運動、体操器具の一種目。器械運

動・器械、器具を使ったあそびに使う用具で、2本の柱の間に鉄の棒を水平に掛け渡したもの。公園や保育園・幼稚園・学校の園庭や運動場で見かける固定遊具。この他、持ち運びができる折り畳み式もある。（田中、永井）

■鉄棒の後まわり

(turn around after a horizontal bar)

鉄棒を軸として、後方へ回転すること。腕支持の姿勢から行う空中逆上がりや膝をかけた膝かけ後ろまわり等がある。（永井）

■鉄棒の前まわり

(the circumference in front of a horizontal bar)

鉄棒を軸として、前方へ回転すること。腕支持の姿勢から行う空中前まわりや膝をかけた膝かけ前まわり等がある。（永井）

■伝承あそび (traditional play)

メンコ、お手玉、まりつき、あやとり、おはじき、ゴム跳び、はないちもんめ等、子どもたちが作り出し、子どもたちによって伝え続けられてきたあそびを伝承あそびという。かつての子ども集団は、異なる年齢の子どもたちが混じり合って構成され、年長の子が年下の子に遊び方を教え、教えられた子がまた年少の子に教え、と自然にあそびの伝承が行われてきた。（中嶋）

■ と ■

■統合保育

(all-abilities integrated education)

幼稚園や保育所において、障がい児を健常児の集団で保育することをいう。障がい児だけを集めて指導することを分離保育という。（前橋）

■頭部打撲の処置

(measures of the head blow)

頭を打ったあとで、顔色が悪い、嘔吐がある、体動が少なく、ボーッとして名前を呼んでも反応がない、明らかな意識障害やけいれんをきたす場合は、すぐに脳神経外科を受診させる。打った直後に症状がなくても、2〜3日後に頭痛や吐き気、嘔吐、けいれん等の症状が現われる場合があるので、しばらくの間は静かに休ませること。また、保護者には、2〜3日は注意深く観察する必要があることを説明しておく。（前橋）

■倒立 (hand stand)

立位から手で身体を支え、逆さまに立つこと。つまり、逆立ちをすることをいう。（田中）

■ドッジボール (dodge ball)

長方形のコートを中央で2分割したコートを設定し、2チームに分けた子どもを、内野、外野に配置し、ゲームを始める。保持したボールを、相手チームの子どもを狙って当てる。当たった子は、自チームの外野に出ることとして、終了時の外野の人数が少ないチームの勝ちとなる。ドッジとは、よける、さけるという意味をもつ。（池谷）

■跳び越しくぐり (jump over and pass)

目標物や障害物を両足踏み切りで跳び越したら、すぐにその下をくぐって、もとの位置にもどる運動。身体を、すばやくバランスよく、巧みに動かす能力、すなわち、調整力を育むことのできる運動。（前橋）

■跳び越しくぐりの測定法

(measurement method of jump over and pass)

跳び越しくぐりの測定方法は、膝の高

さに張ったゴムひもを両足同時踏み切りでとび越したら、すぐにひもの下をくぐって、もとの位置にもどる。ひもをとび越してはくぐる動きを5回繰り返し、5回目に全身がゴムひもを通過するまで、何秒かかるかを測定する。（生形）

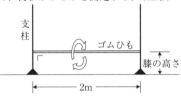

【すこやかキッズ体力研究会：体格体力測定実施要項－幼児版，2006.】

■**跳び箱**（vaulting horse）

　器械運動、体操器具の一種目。長方形の木枠を重ねた上部に、布を張った台を置いたもの。通常は走って来て、踏み切り板を使い、手で身体を支えジャンプし、箱を跳び越える移動遊具。木製で長方形の枠を積み重ね、最上段に布で覆った台をのせたもの。重ねた段数で高さを調節する。（田中、永井）

■**徒歩通園**

　（going to kindergarten on foot）

　幼児の通園方法の一つ。朝の徒歩による運動刺激により脳の目覚め、体温の上昇を促進し、日中の運動量の増加や集中力や意欲の向上を助長する。また、保護者同伴による親子通園、幼稚園教諭の引率による集団通園の方法の一つとして、利用されている。（廣中）

■**トラウマ**（trauma）

　トラウマとは、様々なショッキングな出来事に出会う・経験することによってできた心の傷であり、その傷が時がたっても癒されることなく、現在もなお生々しく存在しているもの。（前橋）

■**ドラム**（drum）

　太鼓の形をした遊具。音階の異なる太鼓を複数取りつけて、ゲーム性をもたせることができる。

　太鼓をたたいて音を楽しむことにより、音による刺激を得る感覚訓練につながっていく。

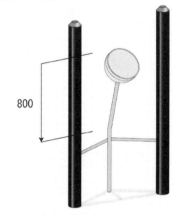

　また、複数の太鼓をたたいて異なる音階を楽しむために、からだを動かし、リズム感や協応性を育む経験にもなっていく。（前橋、ジャクエツ）

■**トランポリン**（a trampoline）

　金属のフレームにナイロンテープやロープで編まれたマット（正式にはベット）をスプリングやゴムケーブルで張った跳躍器具。（永井）

■ **な** ■

■**仲間関係**（peer relation）

　幼児は、2歳後半になると同年齢の幼児への関心を示し、3歳頃になると同年齢を中心にして他児と遊ぶことに興味を示す。しかし、相手の気持ちがわからず、ぶつかり合いのけんかが目立つ

ようにもなる。また、気分も揺れやすい。4歳頃になれば、自己中心的ではあるが、いくぶん自分の感情を抑制できるようになる。ただし、自己主張が強く、所有権を冒されたりすると、暴力を伴うケンカとなりやすい。やがて、5歳前後になれば、まわりの友だちとも協調し、積極的に関わっていこうとするようになり、協同あそびが盛んに行われるようになってくる。このように、子どもが自分と年齢や立場の近い存在である他児に関心を寄せ、いっしょに遊んだり、場面によってはケンカをしたり、あるいは、協力し合うような間柄のことを仲間関係という。子どもにとって、はじめての社会的集団となる幼稚園や保育所は、仲間関係を育てるために重要な場所である。（鍛治）

【上野辰美ほか：幼児教育情報ハンドブック，コーレル社，p.84，1987.】

■波形通路（wave pattern passage）
　ゴムコーティングした波形の通路遊具。
　波形通路を歩くだけで、バランス能力を高める刺激となる。また、高さが変化するので、上下、前後の空間認知能力が育っていく。体力の要素としては、平衡性や筋力、巧緻性が養われていく。動きとしては、平衡系と移動系の運動スキル

が身につく。（前橋、ジャクエツ）

■波形パイプ登り（wave pattern pipe up）
　2本の波形パイプの上を、手と足を使って登る遊具で、2本の波形は、ずれている特徴がある。
　パイプの上を、手と足を使って登り降りをすることによって、手足の協応性や平衡性、筋力を育み、動的な平衡系運動スキル（渡る）を身につけていく。動きに慣れてくると、リズム感やスピード感もついてくる。（前橋、ジャクエツ）

■縄跳び（jump rope）
　両手に持った縄を回転させながら、縄を跳び越える運動。ジャンプに合わせて縄を回すか、縄の回しに合わせてジャンプするかによるが、リズム感覚を養う。縄を使ったあそびで人気があるものでは、「郵便屋さん」や「大縄跳び」等、回転している縄を跳び越える運動がある。縄跳びは全身運動であり、あそびだけでなく、体力の向上の材料として、保育や教育の現場においても幅広く活用されている。前方に向かって縄を回す「前跳び」、後方に向かって縄を回す「後ろ跳び」、1回跳んで、1回縄を交差

する「あやとび」や、交差した状態で跳ぶ「交差跳び」、1回のジャンプで2回縄を回転させる「2重跳び」等がある。（田中）

■**縄はしご渡り**（rope ladder passes）

ロープで吊り下げた梯子が連続している遊具で、揺れながら上下左右に移動できる。全身の筋力と調整力を発揮しながら、バランスをとって移動する。中でも、両腕・両足の筋力や巧緻性（器用さ）を養うことができる。また、左右や上下に移動することにより、移動系運動スキル（登る・伝う）を養いながら、空間認知能力を高める。（前橋、ジャクエッツ）

■ に ■

■**25m走**（25-meter dash）

25mの距離を走る能力を、タイムでみる。スタートの合図から、ゴールライン上に胴（頭、肩、手、足ではない）が到達するまでに要した時間で競走したり、誰が一番早く到着するかを競う運動。（前橋）

■**25m走の測定法**

（measurement method of 25-meter dash）

幼児の基礎運動能力である走る能力を測定する。幼児の場合には、まだ非力であるため、走行距離を25mとしている。測定方法は、25mの直線コースを使って、スタンディングでスタートさせ、ゴールするまで何秒かかるかを測定する。（生形）

【すこやかキッズ体力研究会編：体格体力測定実施要項－幼児版, 2006.】

■**日内変動**

（diurnal variation, daily variation）

日周リズムを表す生体機能が、1日のうちに示す変動。（前橋）

■**日周リズム**（diurnal rhythm）

1日の周期をもったリズムのこと。外環境に対する受け身の反応も含む。（前橋）

■**日本の幼児の運動課題**

（exercise contents to be required to a Japanese young children）

日本の幼児の運動面で弱くなっている、逆さ感覚や回転感覚を育てる倒立や回転運動、反射能力やバランスを保ちながら危険を回避する鬼あそびやボール運動、空間認知能力を育てる「這う」・「くぐる」・「回る」・「登る」等の運動の機会を積極的に設けてやりたい。また、便利化社会の中で、弱まっている自律神経を鍛え、五感を育み、身体機能を促進する

戸外での運動を、是非とも大切にしてもらいたい。（前橋）

■**乳児**（an infant, a baby）

生後から1歳未満の子ども。もしくは、保健上により必要な場合は、おおむね2歳未満の幼児も含まれる。（前橋）

■**乳児院**（a nursery）

母親の疾病や入院、離婚、家出、死亡などにより、養育が不可能、または、両親がいても養育能力がない、虐待や養育拒否、遺棄（いき）等の問題下にある1歳未満の乳児（もしくは、保健上、必要な場合は、おおむね2歳未満の幼児）を預かり、親に代わって養育する。（前橋）

■**乳児の運動機能発達**
（the development of the exercise of baby function）

乳児期に起こる、四肢の動き、頭部の支え、座位の確保、這う、直立、歩行という運動機能面の発達のこと。

乳児の身体運動は、四肢の動きに始まり、少したって、頸の動き、頸の筋肉の力が発達して頭部を支え、7〜8か月頃になると、座ることができ、平衡感覚が備わってくる。続いて、手・脚の協調性が生まれるとともに、手や脚、腰の筋力の発達によって、身体を支えることができるようになり、這いだす。這う機能が発達してくると、平衡感覚もいっそう発達して、直立、歩行を開始する。これらの発達は、個人差があるものの、生後1年2〜3か月のうちに、この経過をたどる。（前橋）

■**2連すべり台**（two slides）

2人が仲良く、あるいは競争して滑る2連滑り台のこと。

すべり台を滑り降りることで、平衡性や巧緻性をはじめとする身体調整力を高め、スピード感や空間認知能力を養う。また、2人が並んでいっしょに滑り降りることで楽しさが増したり、競争ができたりして交流体験がもてる。（前橋、ジャクエツ）

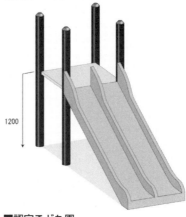

■**認定こども園**
（authorized child garden）

幼稚園の教育的側面と保育所の養護的側面を両方あわせもつ施設。（廣中）

■ **ぬ** ■

■**抜き足**（stealthy footsteps）

足音をたてないように、つま先をそっと抜くようにして歩くこと。

抜き足、差し足、忍び足：足音がしないように、そっと歩くこと。また、その様子。（前橋）

■ **ね** ■

■**熱中症**（heat illness）

熱けいれん、熱失神、熱疲労、熱射病の4型があり、これら暑い環境で起こる病気を総称して熱中症と呼ぶ。熱けいれんは、多量に発汗したときに水分のみを

補給して食塩を補給しないと痛みを伴ったけいれんが起こる。熱失神では、長時間の立位や運動直後に脳血流が減少して、めまいや失神を起こす。熱疲労は、脱水によって、脱力感、倦怠感、めまい、頭痛、吐き気などの症状が強く起こるもので、熱射病の前段階である。熱射病は、40℃以上の高体温と意識障害（応答が鈍い、言動がおかしい、意識がないなど）が特徴であり、死亡する危険性が高い。赤褐色のミオグロビン尿が出ることがある。熱中症の処置は、涼しい場所で休ませ、水分を補給させる。（森）

■熱中症予防
(the heat stroke prevention)

　夏季の運動時は、熱中症を予防するための配慮が必要で、保護者への指導として、水分を持参させるとともに、運動時は吸湿性と通気性の良い材質の衣服を着用させ、運動後の着替えを準備してもらう。屋外では、必ず帽子を着用させること。運動中は、こまめに休憩をとり、その都度、水分を補給させるとよい。（前橋）

■捻挫 (a sprain)

　強い外力や急激な運動によって、組織が過伸展し、骨や関節周囲の靭帯や筋肉、腱などが損傷を起こした状態をいう。足首の捻挫は、足首の骨をつないでいる靭帯の一部の断裂である。受傷直後は、①安静にする、②氷や氷嚢で冷やす。③圧迫固定する。④損傷部位を挙上する。足関節の痛みの場合は、座らせて、足先を挙げ、支えて固定して受診する。損傷部への血流を減らす。氷水やアイスパックで冷やすことにより、内出血を抑え、腫脹や疼痛を軽減させることができる。損傷した部位の関節を中心に

包帯を巻いて固定し、挙上して様子をみる。腫れがひどくなる場合や、痛みが強く、持続する場合には、骨折の可能性もあるので、整形外科を受診するようにすすめる。（前橋）

■ の ■

■能動汗腺
(an active voice sweat gland)

　皮膚の表面にある汗腺の中で、実際に汗をかいて機能しているもの。実際には、表面にある汗腺の約半数ほどである。能動汗腺の数は、生まれてから2～3歳までにどれだけ汗をかいたかによって決定し、その後の増加は見込めない。冷暖房完備の室内で、テレビやビデオ等のからだを動かさないあそびばかりをしている子どもは、汗をかく機会がないために、汗腺が十分開かずに育ってしまう。その結果、将来的に体温のコントロール能力が低くなってしまう。能動汗腺の数が決定する2～3歳頃までに、からだを動かして汗をかくあそびの楽しさを教えてあげてほしい。（佐野）

【正木健雄：おかしいぞこどものからだ，大月書店，pp.44-48，1999.】

■脳内ホルモン (hormone in the brain)

　脳内に分泌されるホルモンのこと。一例として、夜中には、眠るための松果体ホルモン（メラトニン）が出され、朝には活動に備え、元気や意欲を引き出すホルモン（コルチゾールやβ－エンドルフィン等）が脳内に分泌されなければ、眠ることや元気に活動することはできない。これらのホルモンの分泌時間のリズムや量が乱れると、脳の温度の調節もできず、時差ぼけと同じような症状を訴え、何をするにしても全く意欲がわか

なくなる。健康な状態では、睡眠を促すメラトニンの分泌が、午前０時頃にピークとなり、脳内温度（深部体温）が低下する。したがって、神経細胞の休養が得られ、子どもたちは、良好な睡眠がとれる。（前橋）

■**のぼり棒**（uphill stick）
　固定遊具の一つで、金属製の丸い筒を立てて固定したもの。手足を使って登り降りして遊ぶ。（永井）

■　**は**　■

■**ハザード**（hazard）
　ハザードは、遊具の挑戦的要素とは関係のないところで発生する危険のことである。ハザードには、物的ハザードと人的ハザードの２種類がある。物的ハザードとは、遊具にできた不用意な隙間に、からだの部位が挟まってしまうといった、遊具の設計に問題がある危険である。人的ハザードとは、遊具使用時に、ふざけて押し合ったり、絡みやすい紐のついた手袋や靴を履いたりする等して、遊具の使用の方法に問題がある場合である。

　これらの危険は、子どもたちのあそびの中では、予測のできない危険であり、遊具の設計者や管理者、保護者などの大人が注意して未然に防ぐ必要がある。（前橋）

■**はしご渡り**（ladder passes）
　ロープで吊り下げた２組にした梯子面の遊具で、揺れながら、上下左右に移動する。揺れるはしごを登ったり、伝ったりして移動することにより、平衡系や移動系の運動スキルを身につけるとともに、身体認識力や筋力、平衡性、巧緻性をはじめとする体力も高める。また、上下、左右への動きをスムーズに行うための空間認知能力も、この遊具を使ったあそび体験で大きく育っていく。（前橋、ジャクエツ）

■**発育**（growth）
　「発育」とは、身長や体重といった身体の形態的変化（増大）をいう。（前橋）

■**発達**（development）
　「発達」とは、筋力や瞬発力が高まったというような心身の機能的変化（拡大）をいう。発達には、一定の法則がある。例えば、人間の身体の機能は、栄養を与えれば、ある程度の発育や発達はするが、使わなければ萎縮（機能低下）していく。また、使い過ぎれば、かえって機能障害を起こす恐れがある。したがって、正しく使えば発達する。（前橋）

■**鼻出血**（nose bleed）
　鼻の穴からの出血。鼻根部にあるキーゼルバッハ部位（鼻の奥にある網の目のように細い血管が集まっている部位）は、毛細血管が多いため、一度出血した部分は血管が弱くなり、再出血しやすい。ぶつけたときだけでなく、興奮した場合や運動したときに、突然出血することがある。（前橋）

■鼻出血の処置方法
（measures of the bleed）

　座らせて少し前かがみにし、鼻にガーゼを当て、口で息をするように説明して、鼻の硬い部分のすぐ下の鼻翼部を強く押さえる。血液が口の中に流れ込んできたら、飲み込まずに吐き出させる。血液を飲み込むと、胃にたまって吐き気を誘発するので注意する。10分くらい押さえ続けてから、止血を確認する。止血していなかったら、再度、圧迫する。脱脂綿のタンポンを詰める場合には、あまり奥まで入れないように気をつける。ときに、取り出せなくなることがあるので、ガーゼや鼻出血用のタンポンを使うとよい。（前橋）

■はねおき（jumping and getting up）
　腰の屈伸動作によるはねを利用して、前方に回転して立つ技。手の支持と頭や首の支持が加わる場合がある。（田中）

■パネルジャングル（panel jungle）
　肋木とクライミングウォールを組み合わせて、踊り場間を渡る遊具。肋木や壁を伝って移動していくと、空間の認知能力や身体調整力、全身の筋力や持久力が鍛えられる。（前橋、ジャクエツ）

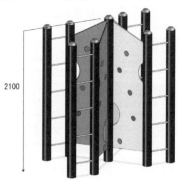

■パネル渡り（panel passes）
　開口部に手や足を掛け、左右に移動できる遊具。上下パネルの空間で、反対側にからだを移動させることもできる。

　手や足を開口部にかけて左右に移動することにより、全身の筋力や持久力、リズム感を養うとともに、手足の協応性や巧緻性、空間認知能力を高める。動作としては、移動系運動スキル（伝い渡る）を身につけることができる。（前橋、ジャクエツ）

■腹這い（crawling）
　腹を地につけて這うこと。（前橋）

■バランス運動（balance conpaign）
　床や平均台などで、触れている（接点）所に対して、重心を重ねる運動。立った姿勢で片足を上げたり、バランスボールに座ったりする。（永井）

■バルーン（balloon）
　風船や気球のことであるが、保育／教育に中で使われているバルーンは、直径約2mから、大きい物では約10mのものまでのパラシュートを指す。ナイロン製の物が多く、軽くて、動かしやすいため、運動の教材として、集団あそびや運動会の集団演技に、頻繁に利用されてい

る。四方八方の端をみんなで持ち、上下に移動させたり、いっしょに走って移動したりと、空気を利用してバルーンを大きく広げたり、小さくしたり、いろいろな工夫をして遊ぶパラシュートである。（田中）

■ハンガーレール（hanger rail）

持ち手にぶら下がり、勢いを付けてスライドさせる遊具で、持ち手にぶら下がって、からだを維持することで、筋力や持久力を養い、非移動系運動スキル（ぶら下がる）を身につけていく。また、ぶら下がったまま、スライドさせて移動することにより、スピード感を味わいながら、空間認知能力を高めていく遊具である。（前橋、ジャクエツ）

■伴奏（accompaniment）

身につけようとする運動経過の中から、とくに運動リズムを際だたせることによって学習効果を引き出そうとする指導上の補助手段と解される。音楽伴奏によって、運動リズムと音楽リズムとが互いに調和し、いきいきとした運動経過の発生に効果を発揮する。音楽による伴奏が一般的であるが、学習目標となる運動の種類によっては、タンバリンや手拍子、指導者の発する言葉・擬音などを適切に活用することによって、よい運動リズムを引き出すことができる。（加藤）
【フリードリッヒ・フエッツ，阿部和雄訳：体育の一般方法学，プレスギムナスチカ，pp.117-122，1977.】

■ ひ ■

■非移動系運動スキル
（non-locomotor skill）

その場での運動スキルとも呼び、その場で、ぶらさがったり、押したり、引いたりする技術である。（前橋）

■非言語コミュニケーションスキル（ノンバーバルコミュニケーションスキル）（nonverbal communication skill）

非言語コミュニケーションスキルとは、「自分の態度や表情から、他者に勘違いを与えることなく、情報を発信するスキルと、他者の情報を表情や態度から、勘違いすることなく受信するスキル」である。（橋本）

■ヒコーキとび（an airplane flies）

腕支持の姿勢から両足の裏で鉄棒に乗り、尻を遠くへ放り出し、振り子の原理を利用して足先から前方へ飛びだす。（永井）

■ひとりあそび（solitary play）

あそびの場面で乳幼児が他者とかかわりや交渉をもたないで、一人であそびに取り組んでいる状況を示す。自我が芽生える乳幼児期の子どもにとって、成長の過程である。自分で工夫してあそびを生み出し、それに熱中することでその子どもの個性が伸ばされる。こうしたひとりあそびの過程をきちんと経ることが、その後の集団あそびの中で、自分の意見が主張できるようになることにつながっていく。ひとりあそびを満喫した乳児は、

他の子どもたちのあそびを傍観し、お互いのあそびに興味や関心を示すようになる。ひとりあそびへの援助は、子どもの心身の状況や友だち同士のかかわり、あそびの種類、さらには発達段階や年齢などを総合的にとらえて行わなければならない。(松原)
【新井邦二朗編：図でわかる発達心理学，福村出版，1997.】

■ひねり (a twist)

長体軸での横回転を、ひねりという。360度の回転を「1回ひねり」、180度を「半ひねり」と表現する。(田中)

■肥満 (obesity)

肥満とは、身体を構成する成分の中で脂肪組織が過剰に蓄積した状態をいう。ただ単に体重が増加しているのではなく、からだの脂肪が異常に増加した状態である。肥満の原因の中心は、生まれつき(遺伝)の体質であるが、これに運動不足と過栄養が主で起こるのである。(前橋)

■肥満とやせ (obesity and thinner)

身長別標準体重に対して、120％以上の体重がある子どもを「肥満傾向児」、80％以下の体重の子どもを「痩身傾向児」としている。「肥満」は、高脂血症や糖尿病などの生活習慣病の危険性を高くする。肥満の原因の第一にあげられるのが、運動不足である。生活の中に運動を取り入れ、思いっきりからだを動かして、体力をつけながら太らないように気をつけてもらいたい。また、肥満児には、早食いであまり噛まない傾向がある。食事の量や内容、食べ方を改善する必要がある。

「やせ」は、肥満に比べ、健康でプラスの価値観があると考えられがちだが、実は、将来、「骨粗しょう症」「生理不順」「老化促進」になるリスクが高い。健康な一生を送るためのからだづくりは、幼児期から運動しながら、バランスよく栄養をとることが大切である。(中嶋)
【日本学校保健会：児童生徒の健康状態サーベイランス事業報告書，2004.】

■病児保育 (illness child childcare)

病気に罹患している子どもの保育。保育所に入所している乳幼児が病気の回復期にあり、保護者による家庭での育児が困難な場合、乳児院や病院に併設されたデイサービス施設で預かり、保育するもの。(前橋)

■敏捷性 (agility)

からだをすばやく動かして、方向を転換したり、刺激に対して反応したりする能力をいい、神経・感覚機能および筋機能の優劣がこの能力を大きく決定づけている。(前橋)

■ ふ ■

■ファイヤーポール (fire pole)

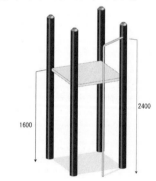

踊り場から滑り降りるポールの遊具。ポールを伝って、登ったり降りたりし

て、移動系運動スキルを高めるととも
に、体力面では、筋力やスピード感、巧
緻性を養う。一瞬にして位置（高さ）が
変わる楽しさが経験できる中で、空間認
知能力を育てていく。（前橋）

■**ファミリーサポートセンター事業**
（family support center business）
1994年に、労働省（現、厚生労働省）
が、就労と育児の両立を目的として、は
じめた事業。（前橋）

■**フィールド・アスレチック**
（field athletic）
川や池、山や森林といった自然の地形
や木立などを利用し、登り板、丸太渡
り、はしご登り、ぶら下がりロープ等の
障害物や道具類を配置し、それを次々に
通過して、身体的なトレーニングと自然
と人間との調和を目的に考え出されたス
ポーツ的な活動。または、そのコースの
ことをさす。フィールド・アスレチック
の遊具は、自然の素材を自然に近い形態
で残しながら、体育活動の目的に添うよ
うに設計されている。鋼鉄製の遊具に比
べ、自然素材は暖かさや柔らかさがあ
り、子どもの心身の発達に効果があると
考えられている。フィールド・アスレ
チックには、次のような特徴がある。①
自然環境・地形・材料などを使って器具
や遊具がつくられている。②都会では少
なくなった自然に近い環境を人工的に作
り出すことにより、自然をイメージした
全身運動を行うことができる。③木材や
石、水などを使った遊具で遊ぶことによ
り、自然の感覚や感性を育てることがで
きる。（中嶋）

■**風船あそび**（play of balloon）
ゴムや紙で作った薄い袋状のものに、
空気を入れてふくらませたものを使って

のあそび。風船には、球体や棒状のもの
もある。（永井）

■**フープ**（hoop）
まわしたり、くぐったり、または島に
見立てたりし、遊んだり、運動したり
するプラスチック製の輪。フラフープの
類。（永井）

■**フープくぐり**
（pass through the hoop）
転がしたプラスチック製の輪（フー
プ）の中を、くくり抜ける運動のこと。
立てた輪をくぐったり、転がした輪の中
をくぐったりする。（永井）

■**プール**（pool）
幼稚園、保育園では、組立式、設置式
の簡易プールが使用されている。水深が
浅いことで、幼児期の水慣れには最適で
ある。（池谷）

■**複合遊具**（compound amusement）
すべり台・はしご・つり橋など、複数
の種類の遊具を組み合わせた大型の固定
遊具。（永井）

■**付属設備**（attached equipment）
運動施設に付属して運動施設の高機能
化を促進する設備。付属設備は、それだ
けでは運動施設の機能をもたないが、運
動施設の基礎にあって、運動施設の機能
を維持したり、高めたりする働きをも
つ。プール浄化装置、空調設備、音響装
置、採光・遮光設備などがこれに相当す
る。（森）
【八代　勉，中村　平：体育・スポーツ
経営学講義65，大倫館書店，2002.】

■**付帯施設**
（ancillary facilities; incidental facilities）
運動の前後やプロセスにおいて、利用
者に利便性を提供する施設。単独では運
動施設と呼べないが、運動施設と関連し

て設けられて、運動施設の働きや利用を高める助けとなる。地域のスポーツクラブを盛んにしていくために欠かせないクラブハウスも付帯施設の一例である。他に、駐車場、トイレ、ロッカールーム、シャワールーム、談話室、レストラン等があげられる。（森）

【八代　勉, 中村　平：体育・スポーツ経営学講義 267, 大修館書店, 2002.】

■ブタの丸焼（barbecue of the pig）
　鉄棒やうんてい等に手足を使ってつかまり、水平にぶら下がること。（永井）

■フラフープ（hula-hoop）
　輪の中に入って、腰で回したり、そのまま置いて、輪の中を跳んだり、移動したりして遊ぶプラスチック製の輪。フラダンスのように、腰を振って回転させるところからついた商標名。（永井）

■ブランコ（swing）
　吊り下げた 2 本のつなに横板を渡し、横板に乗り、からだを使って前後に揺り動かして遊ぶ子どもの運動具。座っても立っても遊べる。揺動系遊具のブランコは、時代を超えて多くの子どもたちに親しまれてきた遊具である。楽しさばかりではなく、最近の子どもたちが弱くなっているバランス感覚の育成や、様々な動作の習得に有用な運動機能を高める。（永井、前橋）

■プレイセラピー（遊戯療法）
　　　　　　　（play thrapy）
　あそびの中で、子どもが自由に自己発散や不安の解消、ポジティブな人間関係を体験する効用を利用した心理療法。（前橋）

■プレイパーク（play park）
　幼少児期の子どもには、「自由で豊かなあそびや多様な経験」が必要である。

しかし、現代の子どもの生活を取り巻くあそび環境は、多様性に乏しく、自由度の少ない憂慮すべきものとなっている。そこで、子どもたちのもつ「何かしてみたい」という興味や意欲を実現させるために、「禁止事項」をつくらず、土、水、木、石、火などの自然や道具・工具を使って、思い思いに遊ぶことのできる遊び場をプレイパークという。

　プレイパークの考え方は、「危険があるから、子ども自ら注意もするし、冒険心や挑戦心もわく。一人ではできないから、仲間と協力することを覚える。小さなケガを繰り返す中で、大きな事故から本能的に自分を守る術を身につけることができる。」というところにある。そうした自由なあそびを保障するための工夫は、①あそび場の運営を地域住民が担っていること。②プレーリーダーが常に配置されていること。③「自分の責任で自由に遊ぶ」というモットーを書いた看板を示すこと等がある。（中嶋）

■ ■ へ ■ ■

■ペアポーズ（pair pose）
　他者や親子など、2 人組で行うポーズで、2 人がいっしょに、協調性やバランス力を養う。（楠）

■閉脚とび（a shut leg flies）
　跳び箱に両手をつき、脚を閉じたまま、跳び越す。（永井）

■平均台（balance beam）
　器械運動、体操競技の一種目。移動遊具の一つで、幅 10cm の角材を、ある高さで水平に固定したもの。主に平衡性が必要とされる。（田中、永井）

■平行あそび（parallel play）
　子どもの発達に伴い現れてくるあそび

の状況を示したもので、同じ場所にいて同じあそびをしながらも相互に関わりをもたない状況のことをいう。子どもが相互に関わらない活動が展開している中で、友だちのことが気がかりで横目で見ながら模倣し合うことが多い。ひとりあそびが確立して、平行あそびが現れ、他の子のことが気になり関わり合いが生じてふたりあそびができるようになる。さらに子ども同士の関係の深まりにより、連合あそびから協同あそびへと移行していく。（松原）
【宇田川光雄：遊びの世界を考える，全国子ども連合会社，1982.】

■平衡系運動スキル（balance skills）
バランスをとる、渡る等、姿勢の安定を保つ動作スキルをいう。（前橋）

■平衡性（balance）
平衡性とは、からだの姿勢を維持し、バランスを保つ能力のことで、動きながらバランスをとる動的平衡性と、その場で静止した状態でバランスをとる静的平衡性とにわけられる。動的平衡性では、平均台の上を歩いて渡ることができる。また、静的平衡性では、片足立ちで自己の身体のバランスをとることができる能力である。せまいところに立って歩いたり、不安定な状態で身体のバランスをとる等のあそびで育成される。（前橋）

■ベビーシッター（baby-sitter）
ベビーシッターは、子どもの養育者との契約に基づき、養育者が家庭にいない間に、子どもを一時的、単発的に世話をする。個人の家庭に派遣される場合とベビーシッターの自宅や施設に、複数の子どもといっしょに預かる場合とがある。いずれも営利目的の民間サービスだが、地域によっては、市町村が補助金を出し

て運営されている場合もある。（前橋）

■ベビーホテル（baby-hotel）
認可外保育施設で、子どもを24時間いつでも預かる営利を目的とするもので、夜間に及ぶ保育や宿泊を伴う保育、時間単位で一時預かりを行う等の利用形態をとる。（前橋）

■ヘルスプロモーション（health promotion）
保健・医療・福祉のみならず、全ての分野が参画して、健康づくりに関する人々のニーズの施策化を図る実践的取り組みである。（前橋）

■扁平足（flat feet）
足裏のアーチが下垂した状態。幼児期には多くの子どもが外反扁平足ぎみであるが、3歳以降の歩行や運動により大部分が改善する。（吉村）

■ ほ ■

■保育士（childcare person, preschool teacher, nursery school teacher）
家庭での保育に欠ける乳幼児の世話を、親に代わって行う保育の専門家。基本的生活習慣を身につけさせたり、子どもの健全な育成と豊かな人格形成を手助けしたりする。また、保護者に対し、育児指導を行う。児童福祉法に基づく資格である。（前橋）

■保育所（nursery school, pre-school）
保護者の仕事や病気などのため、家庭で保育が困難な0歳から就学前までの子どもを預かり、基本的生活習慣を身につけさせたり、健康管理に努める等、健全な育成と豊かな人格形成の手助けをする施設である。（前橋）

■ボール投げ（ball throw）
　ボールを投げる運動、もしくは、あそびのこと。基礎的運動能力である投げる能力をみるテストの一種目では、硬式テニスボールをできるだけ遠くに投げさせ、ボールが落下した地点までの距離を計測するもの。（前橋）

■ボール投げテスト
　（tennis ball throw test）
　体力測定項目の一つで、基礎的運動能力である投げる能力をみる項目。測定方法は、地面に描かれた円内から投球させて、ボールが落下した地点までの距離を、あらかじめ1m間隔に描かれた円弧によって計測する。ボールは、握ることができる大きさのボール。遠投する距離や高さを考慮して、通常3～5歳では、テニスボールを使用している。（生形）

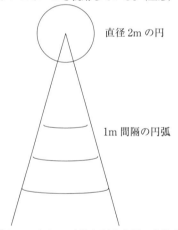

【すこやかキッズ体力研究会編：体格体力測定実施要項−幼児版，2006．】

■保健所（public health center）
　公衆衛生行政の第一線機関であり、児童福祉に関しても、母子保健や身体障がい児などの福祉の分野においても、大きく寄与している。「児童福祉」関係業務の主なものは、①児童および妊産婦の保健について、正しい知識の普及を図る、②未熟児に対する訪問指導や医療の援護を行う、③身体に障害のある児童の療育について指導を行う、④疾病により、長期にわたる療養が必要な児童の療育について、指導を行う、⑤児童福祉施設に対し、栄養の改善、その他、衛生に関し、必要な助言を行うことである。母子保健の窓口機関として、種々の相談や指導を行っている。（前橋）

■保健センター（health center）
　市町村における地域保健対策の拠点として、住民に対し、健康相談や保健指導、健康診査、その他、地域保健に関する必要な事業を行う。「児童福祉」関係業務の主なものは、①妊産婦、乳幼児に対する保健指導、②妊産婦、乳幼児に対する訪問指導、③妊産婦健康診査、④1歳6カ月児健康診査、3歳児健康診査などの乳幼児健康診査である。（前橋）

■母子家庭（a fatherless family）
　配偶者のいない女子と、この者が扶養する20歳未満の児童との家庭である。（前橋）

■歩数（the number of walking steps）
　歩数計を用い、日中の歩数を計測し、運動量にあたる身体活動量をみる。まず、歩数計を0にセットし、ズボンのふち、左腰の位置（腹部側面）に取りつけて計測する。（前橋）

■母性行動（愛）（maternal behavior）
　生殖・妊娠を支える時期には、卵胞ホルモン（エストロゲン）、黄体ホルモン（プロゲステロン）、プロラクチン、オキシトシン等のホルモンが母性行動の発現

を促進するので、妊娠期間中の母性意識は、ホルモン・内分泌系によって発現・維持されているという。それが、産後は、神経系のコントロールに置き換わって母性行動となる。つまり、母親が児に母乳を与えながら、世話をすることによって、自然な形で、神経学的機構に基づいて「母性の維持」がなされる。出生直後から、乳児といっしょに過ごすことができれば、授乳による吸啜刺激を受けて、母親の母性行動が発現し、そして、母子相互作用により、母性行動が円滑に確立・維持されていく。（前橋）

■ホッピング（hopping）

スチール製の棒の最上部に、握るためのハンドルがあり、下の部分に足を置くステップとバネがついている遊具。バランスをとりながら、跳ねて遊ぶ遊具。（永井）

■ボール（ball）

球形のもの。たま。まり。片手で扱える大きさから、両手でかかえる大きさ等、様々な種類がある。（永井）

■ ま ■

■巻き爪（ingrown nail）

足の爪が横方向に曲がっている状態。爪を短く切りすぎることや、爪の角を切り落とすこと、小さいサイズの靴を履き続けることで起こることが多い。また、大きすぎるサイズの靴を履くこと、靴のマジックベルトを緩めに履くことによる、足の前滑りで起こる場合もある。足部の爪端が靴先に押し込まれることで指に食い込み、痛みを引きこすこともある。いったん食い込むと改善するのが困難である。（吉村）

■マット（a mat, a gym mat）

移動遊具の一つで、マット運動に用いる厚い敷物。幼児用では厚さ5cm程度のものが多い。（永井）

■マットの後まわり
（turn around after mat）

マット上でしゃがむ、または、座った姿勢から、後方へ尻・背中・頭の順でつき、最後は手で押しながら一回転をする運動。（永井）

■マットの前まわり
（the circumference in front of mat）

マット上でしゃがんだ姿勢から、前方へ手・頭・背中・尻の順でつき、最後は足の裏で立つように一回転をする運動。（永井）

■マット運動（mat exercises）

器械運動の中の一種目で、マットを使って行う運動の総称。一般的には、弾力性のある布の敷物（マット）の上で行うが、簡単なマット運動の基本のあそびは、おふとんや畳の上で行える。幼児の場合は、「前転」（前まわり）の基本である「でんぐり返り」を、お遊戯会や運動会で発表することがある。その他にも、「後転」（後ろまわり）、「逆立ち」（倒立）、「そくてん」「側方倒立回転」などがあり、その基本は、手押し車のような手で自身のからだを支える支持力を身につけることが大変重要である。（田中、永井）

■まりつき（bounce a ball）

まり（ボール）をついて遊ぶ運動やあそびのこと。（永井）

■ み ■

■水あそび（dabbling in water）

水の中でのあそびで、水をかき混ぜたり、たたいたり、足をバシャバシャさせたり、物を浮かべたり、沈めたりして、

楽しむあそびである。また、水中で支えたり、沈まずに浮いていたり、身体を推進させて調整できるようにさせると水泳へとつながっていく。水中で動きを連続できるようになると、さらに、水中でからだがどのように動くかを理解できるようになっていく。（前橋）

■脈拍（the pulse）

脈拍は、血液が心臓から押し出されることによって、動脈に周期的に起こる運動のこと。幼児は、心臓が小さく、心筋も弱く、1回拍出量が少ないため、心臓からの拍出数（脈拍数）は多くなる。1分間の脈拍数は、大人では60〜80回／分であるが、幼児では80〜120回／分である。脈拍の測定は、橈骨動脈、頸動脈など、動脈が皮膚の表面を走っている部位に、第2〜4指の3本の指先をあてて、測定する。（前橋）

■民生委員（local welfare officer）

民生委員は、「社会奉仕の精神をもって、常に住民の立場に立って相談に応じ、および必要な援助を行い、もって社会福祉の増進に努めるもの」（民生委員法第1条）であり、厚生労働大臣によって委嘱される。（前橋）

■ む ■

■群れあそび（group play）

集団性の高いルールのあるあそびで、「ケイドロ（ドロケイ）」や「缶けり」等がある。

子どもが自由に選択して、参加するあそびであり、あそびを通して各自に役割が生じ、自分の役割を媒介にして、自覚や自分の行動の仕方や人との関わり方、ルールを守ることの重要性などを学んでいく。また、協調性・協力性・競争

心・相手を思いやる心、判断力、正義感などを育み、子どもの全面発達を促す。少子化が進んだ現代社会においては、地域の中で、近所の子どもたち同士の異年齢集団でのあそび経験は難しくなった。「群れあそび」を知らない子どもたちに、指導者は、あそびのリーダーとして、その楽しさを伝える役割も担っている。子どもは、遊び込んでいくうちにルールを変化させながら自分たちのあそびとして定着させていく。指導者はあそびの楽しさを共有しながら、徐々に主導権を子どもたちに渡していくことが大切である。（佐野）

■ め ■

■メンタル・フレンド（mental friend）

児童の兄や姉に相当する世代で児童福祉に理解と情熱を有する大学生が、児童相談所の児童福祉司による指導の一環として、家庭訪問し、児童の良き理解者として、児童の自主性や社会性の伸長を援助する「ふれあい心の友」である。メンタル・フレンドは、都道府県単位で募集、登録、研修を行うこととされている。（前橋）

■ も ■

■目視（seeing）

目視は、遊具の安全点検方法の一つで、外観や形状を見て劣化の有無を確認すること。支柱の地際部は、重要なチェックポイントであるため、掘削して調査する。（ジャクエツ）

■モニュメント遊具
（monument playground equipment）

モニュメント遊具は、遺跡や遺物を見立てた遊具。一例として、博物館でしか

見ることのできなかった恐竜が、子どもたちのあそび場にやってきて、安全性とリアリティ感を経験でき、また、本物の化石にも勝る存在感を味あわせてもらえる遊具である。（前橋）

■模倣学習（imitation learning）

他人が行う行動をまねして学習すること。（楠）

■ や ■

■夜間保育（night nursery）

夜間まで就労する親が子どもを預けるため、保育時間が、午前11時から午後10時までの10時間となっている保育をいう。また、延長保育制度を併用することによって、さらに前後あわせて、6時間の時間延長が可能となっている。（前橋）

■ ゆ ■

■遊戯室（game room）

子どもたちが集団で遊んだり、踊ったりできる部屋。（永井）

■遊具（playground equipment）

遊戯に使う器具。また、遊び道具。（永井）

■遊具の種類

（kind of the playground equipment）

子どもたちは、登園するやいなや、まっしぐらに自分の好きな遊具へ向かう。子どものあそびに、遊具は切っても切れない密接な関係をもっている。幼稚園・保育所の遊具を、表に種類別にまとめてみる。（中嶋）

表　遊具の種類

種　類		主な遊具
固定遊具（固定されている遊具）	動かない遊具	砂場、すべり台、低鉄棒、うんてい、太鼓橋、丸木橋、ジャングルジム、築山、山小屋、トンネル、プール
	動く遊具	ブランコ、シーソー、遊動円木、回旋塔、つり輪
移動遊具（移動できる遊具）	大型遊具	マット、跳び箱、平均台、巧技台、大型積み木、トランポリン、腰掛
	小型遊具	ボール、ゴムボール、布ボール等 輪（フープ、リング）、竹馬、缶ゲタ、棒、箱車（一輪車、三輪車、四輪車） ホッピング、スクーター、バトン
用　具	素材遊具	カラーチューブ、パラウェーブ、ゴム（輪ゴム、平ゴム、丸ゴム、）ひも、なわ（短、長）

■U字はしご渡り
（U character escalade）

3方向に取り付けた足かけを使い、からだをかわしながら上り下りをする遊具。筋力や瞬発力の力を借りて、リズミカルに上に登っていくことができれば、からだの巧緻性や協応性がより高まっていく。また、登ったり、降りたりすることにより、移動系運動スキルの向上につながる。（前橋、ジャクエツ）

■ゆらゆらパネル登り
(panel is uphill to and fro)

ロープで吊り下げたパネルスロープ。手摺りは固定であるが、足もとは揺れながら、踊り場まで登るようになっている。不安定なスロープを登り降りすることにより、平衡性や全身筋力、巧緻性を養う。（前橋、ジャクエツ）

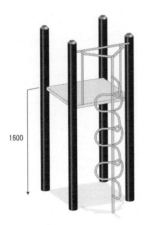

■弓形スロープ（bow shape slope）

弓形の坂登り。踊り場付近はかなり急な傾斜で、ロープを補助にして登る遊具。腕や脚の筋力や、腹筋や背筋力を高める。素早い動きで登ろうとすれば、瞬発力が高まり、器用にバランスを維持しながら登ることができれば、平衡性や巧緻性の能力が伸びていく。動きとしては、移動系運動スキル（登る・下りる）が育成できる。（前橋、ジャクエツ）

■ゆらゆらネット渡り
(net passes to and fro)

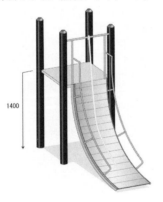

ネットを弛ませ、足下を不安定にさせた通路の遊具。手摺りは固定で、左右に踊り場を付ける。ネット上を、バランスをとりながら、移動することにより、平

衡性や巧緻性の体力要素が伸びていく。また、手摺りを持って移動することにより、上肢や下肢にかける力配分の仕方も学んで、身体の調整力や平衡系運動スキルが身についていく。（前橋、ジャクエッツ）

■ よ ■

■養育困難児
(the child whom it is hard to bring up)

保護者の病気、家出、離婚などにより、養育が困難であるとされる子ども。（前橋）

■養護教諭（school nurse）

幼児や児童、生徒ならびに職員に対し、保健指導を行って健康増進を図り、これを通じて教育の円滑な実施と保健管理を行う。（前橋）

■幼児期（period of preschool）

幼児期は、1歳から3歳までの前期と、3歳から小学校入学までの後期に分けられる。幼児期には歩行能力をはじめ、様々な運動能力の発達が得られる。幼児期の離乳、歩行、発語が、人生初期の3大事件とも呼ばれる。

■幼児期に体験させたい運動内容
(the exercise contents that wants to let you experience it in the early childhood)

幼児期の運動内容については、偏りなく、いろいろな動きを経験させる必要がある。中でも、歩くことは「運動の基本」、走ることは「運動の主役」である点をおさえ、もっと歩くこと、走ることの経験を、しっかりもたせていきたい。

そして、近年、生活の中で、逆さになる、転がる、まわる、這う、支えるといった動きが少なくなってきているので、幼児期から努めて逆さ感覚や回転感覚、支持感覚を育てていきたいものである。（前橋）

■幼児の身体活動やあそびの意義
(play of the young children and significance of the physical activity)

幼児の身体活動やあそびは、心身の発達にとって、極めて重要な意味をもっている。子どもは遊ぶこと自体が楽しいから遊んでおり、どうしたらもっと楽しくなるかをいつも考えているように見える。遊ぶことは、子どもに創造の力をもたらすと同時に、集中力や粘り強さ、最後までやり遂げることの喜びを与える。子どもは、あそびの中で、自発的に活動する体験、好奇心にあふれ、集中して取り組む体験、自分で課題を見つけて解決に向かう体験を生み出し、結果よりもプロセスを重視する。4歳から6歳にかけては、様々な運動能力の発達が見られ、この時期の活動は、その後の発達に大きな影響をもたらす。（森）

■幼児体育指導案
(lesson plan of physical education for young children)

指導についての概念は、「何々ができるようにする」とか、「何々を理解させる」というように、価値や目標思考の強いものが多い。しかし、幼児の場合には、見たり、聞いたり、触れたり、走ったり、跳んだり、投げたり、蹴ったり等、いわゆる五感を通して、幼児自身が主体的に活動する中で、その結果として、各種の能力や態度が習得されることが望ましい。どんなあそびや運動をどのような内容と方法で体験させるのか、子どもの発達の見通しをもった指導計画が必要であり、その計画を実践するための

プランを指導案という。幼児の実態をふまえたねらいの設定、活動の選択、指導援助の方法、準備段階における望ましい設定などを検討することが指導の基本になる。年間指導計画、月間指導計画、週案、日案と下ろしていく際には、幼児の実態に合わせて具体的に示していくとともに、内容を弾力的に変化させていく必要がある。また、日案→週案→月案の実践を反省評価し、指導援助の結果と幼児の変化に応じて内容の加除訂正を繰り返しながら、より良い教育課程を編成すべきである。（中嶋）

■幼児体育指導における安全

（security in the physical education of young children instruction）

安全とは、危害・損害を受けるおそれがないことである。

幼児の体育指導では、安全な練習の計画と実施が必要とされ、すべての活動は、安全で健全な環境のもとに取り扱われるべきである。体育指導における安全は、器械器具の下にマットを敷いたり、水泳のための救命用具を備えたりするだけでなく、各児に安全のための知識を注ぎ、安全に対する態度を育てることに注意を払ってもらいたい。指導者と子どもたちが協力し合って事故を防ごうとする安全についての態度があれば、健全で安全な練習を導くことができる。

そのためには、すべての用具、設備、施設は、定期的に安全点検すること。そして、活動は、子どもたちのスキルレベルや動機づけに適したものにすることが求められる。運動場や体育館、プール、他の屋内・屋外の活動場所は、適任者（資格者）に注意深く検査してもらうことが大切である。修理の必要性が認めら

れた場合は、子どもたちに使用させる前に必ず直しておく。また、活動する場所は、草が生えていたり、穴があいていたり、小石が散乱している等の危険な状態を改善しておかねばならない。なお、障害をもった子どもたちの安全を確保し、彼らが使用できるようにするためにも、設備や施設は、適切に調整されなくてはならない。さらに、活動は、子どもたちのスキルレベルや動機づけに適したものでなければならない。指導するスキルや活動は、各々の子どもたちにふさわしいものであることが大切である。また、合理的な組織化は、傷害を減少するのに役立つ。

したがって、プログラムは、子どもたちのニーズに合うよう、また、多様な経験をもたせることができるように計画されているかどうかをチェックしておくべきである。（前橋）

■幼児体育指導のテクニック

（technique of the physical education of young children instruction）

テクニックとは、技術・技法のこと。体育指導においては、まず、「幼児の望ましい行動を認め、他の子どもに知らせる」方法がある。望ましい行動をとった子どもについて、「○○ちゃん、えらかったねー。」「○○ちゃんは早かったので、みんなで拍手しましょう」「きちんと座って、お話を聞いている人がいるね」のように、望ましい行動はその場で認め、広く他児にも示す。望ましくない行動には、直接、指摘するのではなく、望ましい方法を示したり、婉曲的な方法をとったりする。ときに、婉曲的な指示として、急がせるときや活動時に、「女の子は早いよ」「○○君

が早かった」等の表現が用いられる。

　また、指導者の無言語的指導として、「表情や態度で示す」方法がある。子どもたちは、指導者の表情や態度から、価値観を見つけたり、善し悪しを判断したりする。子どもたちにとっては、大好きな指導者が共感したり、認めてくれたりしたものが、直接には行動の指標となったり、間接的には活動をより発展させる意欲づくりにつながったりする。

　その一方で、望ましくない行動については、言葉だけでなく、態度で示される。つまり、子どもたちが考えたり、判断したりする材料を、いろいろな場面で、指導者が子どもたちに対して、言語的、非言語的に明確に打ち出すのである。とくに、「指導者の存在自体が子どもの注意を喚起する」ことを忘れてはならない。指導者の存在自体が、子どもの活動に影響を与えるのである。つまり、指導者が行っているからこそ、子どもはその活動に興味をもったり、先生といっしょに行いたいと思ったりするのである。少し積極的・意図的に、活動をまわりの子どもに知らせようとする場合に有用であろう。

　要するに、幼児体育の指導者は、各々の子どもが成功するよう援助する必要があり、模範や示範など、広く多様な指導テクニックを用いて指導しなければならない。さらに、指導者は、活動や体力・健康的な生活において、熱心にそれらの良きモデルとなるよう努力すべきである。成功感のもてる前向きな経験は、子どもたちの人生の中で、次の新たな実践へと結びつけていく。(前橋)

■幼児体育の基本

(basics of the physical education of young children)

　幼児体育の基本的な考え方は、子ども一人ひとりの興味・関心を大切にし、原則として、子どもが好きな時間に、多様な運動が行われるようにすることである。スポーツ選手の練習のようなことをさせたり、小・中学校の体育を小型化してやらせたりすれば、子どものからだを傷つけたり、運動嫌いの子どもを作り出しかねないことを理解しなければならない。よって、幼児体育の指導に当たって大切なことは、「スポーツ技術のことをよく知っていることや運動がうまくできること」ではなく、「幼児期という発達段階の特徴」と「一人ひとりの子どものことをよく知っている」ことである。つまり、幼児教育の専門家としての自信をもって、子どもとともにからだを動かすことを楽しむ姿勢をもつことが重要である。(中嶋)

■幼児の運動機能の発達

(the development of the exercise of young children function)

　幼児期になると、走力や跳力、投力、懸垂力などの基礎的運動能力が備わってくる。はじめは、細かい運動はできず、全身運動が多く、そして、4歳～5歳くらいになると、手先や指先の運動が単独に行われるようになる。こうした幼児の発達段階をふまえて、運動能力を発達させるには、興味あるあそびを自発的にくり返し経験させることが大切である。3歳、4歳になれば、運動能力はあそびを通して発達していくからである。5歳～6歳になると、独創的発達も進んでくる。さらに、情緒も発達してくるので、

あそびから一歩進んで体育的な運動を加味することが大切になってくる。競争や遊戯などを経験し、運動機能を発達させるとともに、幼児の体力づくりのための具体的な働きかけも必要となってくる。（前橋）

■**幼稚園**（kindergarten）

3歳から、小学校に入学する学齢までの子どもを対象に保育する幼児教育施設であり、学校の一種である。幼児を保育し、適切な環境を与えて、その心身の発達を助長することを目的とする。（前橋）

■**幼稚園教諭**（kindergarten teacher）

3歳から就学までの幼児を対象に、教育に重点を置き、健康安全で幸せな生活のために必要な日常の習慣を養わせ、身体的な機能が健全に発達するように図る教員であり、学校教育法に基づく資格である。（前橋）

■**要保護児童**（protection child required）

児童のうち、家庭で十分な養育が受けられず、保護、教育、療育を必要とする者。（前橋）

■**ヨガ**（Yoga）

ヨガは、規律の科学である。サンスクリット（梵：संस्कृत、samskrta、Sanskrit）は、古代から中世にかけて、インド亜大陸や東南アジアにおいて用いられていた言語では、「結ぶ」「つなぐ」を意味する。集中とリラクゼーションの繰り返しによって、心身両面のバランス維持力が強まり、エネルギー効率、自己観察力が高まる。ポーズは、自分に意識を向けながら行うので、自覚力を高め、健康増進、精神安定、体力の向上や精神力強化が図られ、積極的な思考や忍耐力、行動力が身につき、人生を前向きに歩む基盤づくりにつながる。（楠）

■**四つ這い**（creeping）

四つ足で這うことで、creepingという。腹を地につけて這うことを腹這い（crawling）（前橋）

■ **ら** ■

■**ライン引き**（line pull）

スポーツ競技のトラックや運動会会場づくり等で白線を引く際に用いる用具。ラインパウダーと呼ばれる炭酸カルシウムや石膏を原料とする白い粉を専用の入れものに入れて使用する。（廣中）

■ **り** ■

■**リスク**（risk）

リスクとは、損害や事故の可能性を指す。わくわくする遊具のもつリスク（予測できる危険）は、子どもたちの挑戦したい気持ちを掻き立ててくれ、その状況下で、様々なあそびや運動をすることによって、身体能力をより一層高めていくことができる。ただし、予測できない危険「ハザード」はなくすことが必要である。（前橋）

■**リスニングスキル**（listening skill）

リスニングスキルとは、「相手の気持ちや感情を聴き、相手の本当の要求をキャッチし、理解するスキル」のこと。他者の話を聴くときに、「自分の聞きたいように聞く」ブロッキングのある聞き方ではなく、「相手が言っているように聴く」ことが大切である。リスニングスキルの基本は、相手の言語（キーワード）や非言語（キーメッセージ）の情報をよく観て聴く観察力、相手の話を聴いている中で起こる様々なブロッキングを避け、フォローの姿勢で相手に添い続ける傾聴力、相手から得た言語・非言語

情報を効果的に繰り返す確認力である。
（橋本）

■リズム（rhythm）

リズムとは、音、拍子、動き、または、無理のない美しい連続的運動を含む調子のことで、運動の協応や効率に関係する。音楽や動きに合わせて、適切に拍子をとったり、踊ったり、体操したり、簡単な動きを創ることを指す。子どもたちは、リズム運動の中での各運動スキルの実行を通して、身体の使い方をより理解できるようになる。一様のリズムや不規則なリズムの運動パターン、軸上のリズミカルな運動パターンをつくり出す。例えば、一様の拍子で走って、不規則な拍子でスキップをする。怒りや恐れ、楽しさ等の情緒を、リズム運動を通して表現する。リズミカルなパターンの創作ができるようになる。（前橋）

■リズムあそび（rhythmic activities）

リズム活動を中心とした身体の動きの伴った音楽表現あそびのこと。身体表現や指・手あそび・歌あそびなどを含む幼児の音楽表現活動全般の意でもある。それは、1989年以前の幼稚園教育要領における6領域の時代に、一つの領域として「音楽リズム」の存在があったからである。あそびを通して楽しみながら自己解放し、自発性や主体性および集中力を重視した表現活動である。実際には、動物や身近な題材をもとにごっこあそび等を通しての身体表現、動きの伴った歌の活動、リズム楽器による楽器あそび等である。既成の音楽や保育者の音楽に合わせるのではなく、子ども一人ひとりが自ら動くことに深い配慮が必要である。
（松原）
【大阪克之監修：感性を育む表現教育，コレール社，1997.】

■リズム感（rhythmic sensitivity）

動きに関する感じ方のことである。リズム感とは、音楽的時間に関することで、リズム感の根源は心臓の鼓動であり歩行であり、単なる時間性のみならず、空間性や力動性が伴った身体的で主体的なものである。子ども一人ひとりの内にリズムがあり、それはまた環境や文化により異なる。リズム感の良し悪しは、自分自身の内部に耳を傾け自己を感じることが出発点であり、リズムパターンや拍子などを正確に認知、または、再現することだけではない。リズム感の感得は、本質的に身体の経験や体感によるものである。したがって、子どもたち一人ひとりの日常生活での豊かなリズムの体験の積み重ねが大切であり、皆でリズムを合わせることよりも、その子らしさを前提として進めなければならない。保育の実際には、手あそびや歌あそび等、ことばが入っているものやゲームや音楽を聞いて自由に動いたり踊ったり等、身体の動きが伴うことがリズム感を養う有効な方法である。（松原）
【大阪克之監修：感性を育む表現教育，コレール社，1997.】

■リトミック（eurhythmics）

スイスの作曲家、エミール・ジャック＝ダルクローズによって創られた、音楽の諸要素を、動きを通して体験することで、感性を磨き、表現力を高めることを目的とした音楽教育法。（廣中）

ダルクローズ・ユーリリズミクスの別称である。生理学的・心理学的・芸術的などの多様な視点からの学際的基礎に基づき、その内容は①ソルフェージュ（声と動きの音楽教育）、②リズミックムー

ブメント（身体運動を伴うリズム・表現教育）、③インプロヴィゼイション（即興演奏・即興表現による表現教育）の三本柱と身体の動きと即時反応が共通の方法により、心身の諸感覚機能および芸術的想像力や創造力を高め、精神と身体の調和を目指して人間形成に資することをねらいとした音楽教育である。応用範囲は広く、音楽教育だけではなく、演劇やモダンダンス等、舞踊および体操の基礎教育、さらには音楽療法（育）に及んでいる。わが国の幼児教育においては、大正時代に導入され、今日に至っている。（松原）
【ダルクローズ・板野平訳：リズム運動, 全音楽譜出版社, 1970.】

■**療育**（rehabilitation）
　注意深く特別に設定された特殊な子育てであり、関わる人々の発達も含めた子どもの人格の発達を可能にする専門的援助。（前橋）

■**両手握力**
　（grip strength with both hands）
　両手で物を握りしめる力。測定では、からだの元気さをみる指標として、前橋明氏が始めた測定種目である。握力を測定するには、通常片手で行われるが、幼児の場合には、まだ非力であるため、握力計の握りを両手で握らせて測定する。また、握力計は、学童用のものを使用する。握り方は、両手を並べて握っても、重ねて握ってもよい。子どもの握りやすい方法をとる。直立の姿勢で両足を左右に自然に開き、腕を自然に下げ、握力計を身体や衣服に触れないようにして、力いっぱい握りしめて測定した筋力値である。この際、握力計を振り回さないようにさせる。（生形）

【すこやかキッズ体力研究会編：体格体力測定実施要項－幼児版, 2006.】

■**リングうんてい**
　（ring of overhead ladder）
　曲線の持ち手を傾けた運梯。手首を進む方向に平行にして渡る。
　ぶら下がって移動することにより、全身の筋力や持久力、瞬発力を高めるとともに、動きを効率的に連続させるためには、リズム感も必要になってくる。（前橋、ジャクエツ）

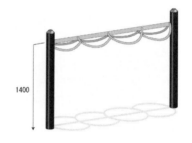

■**リング登り**（ring up）

　スパイラルリングの登り棒で、からだをリングに合わせて回転させながら上り下りする。筋力や持久力、手足の協応

性や器用さを育み、身体調整力を向上させる。動きに慣れてくると、巧緻性が高まり、移動系運動スキル（登り降り）がよりスムーズに発揮できるようになる。（前橋、ジャクエツ）

■ れ ■

■レディネス（readiness）
　身体が未熟な状態では、いたずらに運動能力を伸ばそうとして練習しても、努力する割には効果があがらない。つまり、運動能力という機能の発達は、身体という構造の発育の程度がある水準以上に達していることを前提条件としている。このような受け入れ条件の整った発達の状態をレディネスという。また、成熟度や準備状態とも言われ、概念理解の用意がなされている状態を意味している。（鍛治）
【勝部篤美：幼児の体育指導，学術図書出版社，p.74，1994．】

■レールうんてい（rail overhead ladder）
　左右の手の進める距離が違う曲線型の雲梯。ぶら下がって移動することにより、筋力や持久力、リズム感を育み、移動系運動スキル（ぶら下がり移動）を向上させる。（前橋、ジャクエツ）

■連合あそび（dramatic play）
　集団あそびの一つで、共通の行動や興味、仲間意識が認められるあそびをいう。他の子どもといっしょに遊び、共通の会話や遊具の貸し借り等も見られるが、あそびにおける役割分担や組織化は見られない。連合あそびには、連合の度合いにより、低い程度と高い程度の連合あそびの二つに区分される。前者は、集団で展開する鬼ごっこや道具を使っての室内あそびをいう。後者は、集団で展開される中で他者との関係がなければ遊べないものをさす。例えば、鬼ごっこも捕まった子を助ける等の行為を取り入れたものである。4歳ころから協同あそびへと発展していく。（松原）
【宇田川光雄：リーダーのゲーム指導法，遊戯社，1988．】

■連合運動会（alliance athletic meet）
　近隣の学校が集まっていっしょに行う運動会を、連合運動会という。そのため、競争心を通じての志気高揚の図れる学校対抗や紅白対抗などの方式が多くとり入れられる。かつて、連合運動会に出場するために、各学校がその会場に歩いて集合していたことが、「遠足」のはじまりとなっている。（前橋）

■ ろ ■

■ロープはしご（rope ladder）
　ロープで吊り下げた梯子で、揺れながら踊り場まで登ることができる。吊り梯子を両手でつかんで登ることにより、両手の筋力や腹筋力、背筋力、バランス能力が身につく。
　動作としては、移動系運動スキル（登る・下りる）が養われる。（前橋、ジャクエツ）

■ロープ渡りⅠ（wire act Ⅰ）
　斜めに張ったロープに掴まり、からだを揺らしたりしながら渡る遊具。ロープにつかまって渡って進むことによって、平衡性や巧緻性を養い、平衡系運動スキル（渡る）を身につけることができる。また、ロープにぶら下がることによって、筋力や持久力が養える。（前橋、ジャクエツ）

■ロープ渡りⅡ（wire act Ⅱ）
　持ち手のロープも足かけのロープも左右に揺れ、難易度の高いロープ渡りの遊具。

　ロープを手で持ち、足を掛けて渡ることにより、平衡性や巧緻性、筋力、手足の協応性を高めるだけでなく、リズム感や身体認識力、空間認知能力が養える。
　手と足がうまく協応して、ロープをつかんだり、ステップを踏んだりして移動することにより、平衡系の運動スキルや移動系の運動スキルを身につけるだけでなく、高いレベルの身体調整力を身につけることができる。（前橋、ジャクエツ）

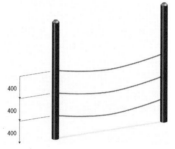

■ろく木（wall bars）
　木製の丸い棒を、水平かつ垂直に登りやすい間隔で並べて固定した遊具。登ったり、降りたり、横へ移動する等して遊ぶ。（永井）

■ わ ■

■ワニ歩き（crocodile walk）
　腹這いの姿勢で、ワニの動きをまねて、地面に胴体をつけたまま、手足を使って前へ進むこと。（永井）

■わらべうた（traditional children's song）
　子どものあそびや生活の中から、伝搬伝承されてきた歌。自然童謡・伝承童謡ともいわれるが、現在これらは「わらべうた」として認知され、定着している。縄跳び歌・まりつき歌・絵かき歌などのあそび歌、赤ちゃんの手あそび歌、自然

や動植物の歌、祭事や年中行事の歌、子守唄などに分類される。単なる伝承ではなく、その地域や子どもの集団形成により、再創造されたり、おとなとの合作文化の場合もある。音楽的には、概して伝統的旋法、歌詞やリズムは流動的で即興的な場合が多い。現代は、子どもの集団形成が困難で伝承や再創造および大人の合作ができにくい状況にある。(松原)

Q & A

Q：幼児期にねらう運動機能の発達とは

A：身体活動をすることによって、それに関連する諸機能が刺激され、発達していく。しかし、おのおのの時期に、とくに発達する機能とそうでない機能とがある。例えば、幼児の神経機能は、出生後きわめて著しい発育を示し、生後6年間に成人の約90％に達する。運動機能は、脳神経系の支配下にあるので、神経機能が急速に発達する幼児期においては、いろいろな運動を経験させ、運動神経を支配する中枢回路を敷設しておくことが大切である。また、幼児期に形成された神経支配の中枢回路は、容易に消えないので、その時期においては、調整力を中心とした運動機能の開発をねらうことが有効である。そして、運動によって運動機能が発達してくると、自発的にその機能を使用しようとする傾向が出てくる。そのことによって、運動機能はさらに高められ、児童期の終わり頃にはかなりの段階にまで発達していく。（前橋）

Q：運動によって、情緒は発達するのか

A：運動あそびや運動を実践することによって、情緒の発達が促される。また、情緒の発達にともなって、幼児の運動の内容は変化する。すなわち、運動と情緒的発達との間にも、密接な相互関係が成り立っている。情緒は、単なる生理的な興奮から、快・不快に分化し、それらは、さらに愛情や喜び・怒り・恐れ・しっと等に細かくわかれていく。そして、5歳頃までには、ほとんどすべての情緒が表現されるようになる。このような情緒の発達は、人間関係の交渉を通して形成される。この初期における人間関係の媒介をなすものがあそびであり、中でも、運動あそびを媒介として幼児と親、きょうだい同志、友だち等との人間関係がより強く形成されていく。そして、運動あそびや各種の運動実践は、幼児が日常生活の中で経験する不安や怒り、恐れ、欲求、不満などを解放する、安全で有効な手段となっていく。

　なお、心身に何らかの障害のある幼児の場合、心配で放っておけないということから、運動規制が強すぎたり、集団での運動経験が不足したりしている状態で育っているケースを比較的多く目にする。自閉症スペクトラムと呼ばれている幼児の中には、十分な体力をもちながら、運動エネルギーを不燃のまま自分の殻の中に閉じ込め、それが情緒的に悪影響を及ぼしているケースも少なくない。そこで、こういった経験の不足を取りもどし、幼児の中で眠り続けてきた運動エネルギーに火をつけ、十分発散させてあげることが、情緒的にも精神的にも極めて重要である。多動で落ちつきのない幼児についても、同じことがいえる。大きなつぶつぶの汗が出るほど運動した後は、比較的落ちついてくる。多動だからといって、無理に動きを規制すると、かえって、子どもたちを多動にさせていく。（前橋）

Q：運動は、知的発達に役立つのか

A：子どもは、幼い頃からあそびや運動を中心とした身体活動を通して、自己と外界との区別を知り、自分と接する人々の態度を識別し、物の性質やその扱い方を学習していく。また、対象物を正しく知覚・認識する働きや異同を弁別する力などの知的学習能力が養われる運動あそびにおいて、幼児は空想や想像の力を借りて、あらゆる物をその道具として利用する。例えば、大きな石はとび箱になり、ジャンプ台になり、ときには、馬にもなっていく。このような運動あそびは、想像する能力を高め、創造性を養い、知的能力の発達に寄与している。運動遊具や自然物をどのように用いるかを工夫するとき、そこに思考力が養われていく。様々な運動遊具を用いる運動によって、幼児はその遊具の使い方やあそび方、物の意義、形、大きさ、色、そして、構造などを認識し、学習していく。知的発達においては、自分の意志によって環境や物を自由探索し、チェックし、試みていくことが重要であるが、ときには指導者が指示を与え、物の性質やその働きを教えていくことも大いに必要である。

そして、運動実践の中で、成功や失敗の経験を積み重ねていくことが、知的発達の上で大切になってくる。また、友だちといっしょに運動できるようになると、自然のうちに認知力や思考力が育成され、集団思考ができるようになり、あわせて、模倣学習の対象も拡大し、運動経験の範囲も広くなっていく。幼児は、こうして自己と他人について学習し、その人間関係についての理解を獲得していく。さらに、自己の能力についての知識を得るようになると、幼児は他人の能力との比較を行うようになっていく。（前橋）

Q：運動神経を発達させるためには、どうしたらよいか

A：生理学的にみると、脳の機能は、細胞間の結合が精密化し、神経線維の髄鞘化が進むにつれて向上していく。神経も、適度に使うことによって、発達が促進されるという「使用・不使用の原理」が働いている。つまり、適度に使うことで、運動神経を発達させることができる。（前橋）

Q：生活習慣を整えていく方法は

A：生活習慣を整えていくには、1日の生活の中で、一度は運動エネルギーを発散し、情緒の解放を図る機会や場を与えることの重要性を見逃してはならない。そのためにも、幼児期には、日中の運動あそびが非常に大切となる。運動あそびというものは、体力づくりはもちろん、基礎代謝の向上や体温調節、あるいは脳・神経系の働きに重要な役割を担っている。園や地域において、時がたつのを忘れて、運動あそびに熱中できる環境を保障していくことで、生活習慣とそのリズムが整い、子どもたちは安心して成長していける。（前橋）

Q：子どもの学力低下や体力低下、心の問題の原因は

A：近年、子どもたちの脳・自律神経機能の低下、不登校や引きこもりに加えて、非行・少年犯罪などの問題も顕在化しており、それらの問題の背景には、幼少児期からの「生活リズムの乱れ」や「朝食の欠食」「運動不足」、「親子のきずなの乏しさ」等が見受けられる。

　結局、子どもたちの睡眠リズムが乱れると、摂食のリズムが崩れて朝食の欠食・排便の無さへとつながっていく。その結果、朝からねむけやだるさを訴えて午前中の活動力が低下し、自律神経の働きが弱まって昼夜の体温リズムが乱れてくる。そして、ホルモンの分泌リズムが乱れて体調不良になり、さらに、精神不安定に陥りやすくなって、行き着くところ、学力低下、体力低下、心の問題を抱える子どもたちが増えていく。（前橋）

Q：子どもの休養面の問題は

A：一見すると、現代の子どもたちの生活は豊かになったように見えるが、その実、夜型化の影響を受けて、生体バランスは大きく崩壊し、自然の流れに反する形で生活のリズムが刻まれていく。心とからだには密接な関係があって、からだの異常は精神の不調へと直結していく。現代の子どもの問題は、どれを先に解決するかというよりも、心とからだの両面をケアして、できうるところから解決していかねばならない。

　中でも、休養面（睡眠）の乱れの問題は、深刻である。短時間睡眠の幼児は、翌日に注意集中ができないという精神的な疲労症状を訴えることが明らかにされている。幼児期には、夜間に少なくとも 10 時間以上の睡眠時間を確保させることが欠かせない。子どもは、夜眠っている間に、脳内の温度を下げて身体を休めるホルモン「メラトニン」や、成長や細胞の新生を助ける成長ホルモンが分泌されるが、今日では、夜型化した大人社会の影響を受け、子どもたちの生体のリズムは狂いを生じている。不規則な生活になると、カーッとなったり、イライラして集中力が欠如し、対人関係に問題を生じて、気力が感じられなくなったりする。

　生活リズムの崩れは、子どもたちのからだを壊し、それが心の問題にまで影響を与えている。（前橋）

Q：運動でのつまずきの予防は

A：子どもの気持を無視して、無理なことをさせたり、上手でないのに皆が集中して見るような場面を作ったりしない等、子どもがまわりの目を気にせずに楽しく活動できる環境づくりが大切である。もし、子どもが失敗したら、皆で励まし合うことのできる雰囲気づくりと環境設定も大切で、運動が好きになれるような関わり方が必要とされる。

それには、日頃より、運動することやからだを動かすことの楽しさ、大切さを第一に知らせることが必要である。（前橋）

Q：運動で社会性が育つのか

A：幼児が仲間といっしょに運動する場合、順番を守ったり、みんなと仲良くしたりすることが要求される。また、お互いに守らねばならないルールがあって、幼児なりにその行動規範に従わねばならない。運動実践の場では、集団の中での規律を理解するための基本的要素、協力の態度など、社会性の内容が豊富に含まれているため、それらを十分に経験させることによって、社会生活を営むための必要な態度が身についてくる。

　つまり、各種の運動実践の中で、指示にしたがって、いろいろな運動に取り組めるようになるだけでなく、仲間といっしょに運動することによって、対人的認知能力や社会的行動力が養われていく。こうして、仲間とともに運動することで、ルールの必要性を知り、自己の欲求を調整しながら、運動が楽しめるようになっていく。（前橋）

Q：運動は、日常生活へ貢献できるか

A：「睡眠をよくとり、生活のリズムづくりに役立つ」「運動後の空腹感を満たす際に、偏食を治す指導と結びつけることによって、食事の指導にも役立つ」「汗ふきや手洗いの指導を導入することによって、からだを清潔にする習慣や態度づくりに役立つ」等、基本的生活習慣を身につけさせることにもつながる。いろいろな運動経験を通して、幼児に身体活動の楽しさを十分に味わわせることは、日常生活はもちろん、生涯を通じて自ら積極的に運動を実践できるようになる。そして、「からだを動かし、運動することは楽しい」ということを体得させていくことができる。つまり、力いっぱい運動することによって、活動欲求を満たし、運動そのものの楽しさを幼児一人ひとりのものとするとき、その楽しさが幼児の積極的な自発性を引き出し、日常生活を通じて運動を継続的に実践する態度へと発展させることができる。（前橋）

Q：子どもの生活全体の歩数が減ってきて、必要な運動量が不足すると、どうなるのか

A：子どもたちの活動の様子をみると、丸太渡りや平均台歩行時に足の指が浮いて自分のからだのバランスを保てず、台から落ちてしまう子どもが観察される。生活の中でしっかり歩いていれば、考えられないことである。走っても、膝をしっかり上げることができないので、つま先を地面にこすって引っかけてしまうのである。

　また、日ごろから、外あそびよりも、テレビ・ビデオ利用が多くなっていると、活動場所の奥行きや人との距離感を認知する力も未熟となり、空間認知能力が育っていかない。そのため、人とぶつかることが多くなる。ぶつかって転びそうになっても、

日ごろから運動不足で、多様な動きの経験が少ないため、保護動作すら出ずに顔面から転んでしまうのである。（前橋）

Ｑ：運動ができなくて、つまずいている子どもへの対応は

Ａ：できない子どもには、少しでも長く接し、自信がもてるように、成功をいっしょに喜び合うことが大切である。具体的には、現段階でその子ができるとされる課題より一段階やさしい課題を与え、それをこなすことができたときに十分に誉め、子どもに、「できた」という達成感を味わわせること、また、運動の苦手な子どもであっても、その子の長所を見つけ、その良い点を他児に紹介することで、自信をつけさせていくことが重要である。

　子どもたちは、ほんのちょっとしたことでも、悩んだり、傷ついたりしてしまうもので、指導者が悩んでいる子どもの気持ちに気づかないと、つまずいてしまった子どもは、ずっと、そのときの嫌な気持ちのままでいることが多い。子どもの方が、自分で良い方向に転換できればよいが、幼児では、まだ自分自身で気持ちや姿勢の転換を図ることは難しい。したがって、まわりの大人の理解と援助が大切といえる。まず、子どもが、こなせなくても、一生懸命にがんばっていたら、そのことを誉めてあげたり、励ましたりして、気持ちをプラス方向へもっていくことが重要である。子どもが、あまりにも運動することを嫌がっていたら、無理にさせるのではなく、できる範囲で取り組ませるのがよい。できないときも、できないことが悪いのではないことと、恥ずかしがらずに何回も練習をくり返すことの大切さを指導していけばよい。そうしていくうちに、たとえできなくても、がんばってするだけで、何かをやり遂げたという満足感が得られたと感じることができるようになっていく。

　とにかく、幼児期は、自由に飛んだり跳ねたりできるようになる頃であるが、まだまだ思うようにからだを動かせないことが多い。したがって、このような時期には、運動を上手にすることよりも、からだを動かすこと自体が楽しいと思えるように育てることが大切である。この時期に、運動に対する苦手意識をもたせることは、子どもたちのこれからの運動に対する取り組みを消極的なものにしてしまいかねない。

　また、指導者は、子どもといっしょにからだを動かすことが必要である。運動を得意ではない子どもであっても、からだを動かして汗をかくことは好きなので、からだを動かしていろいろな楽しみを経験させたいものである。それも、指導者側は、子どもといっしょに動いて同じ汗を流すことが大切で、指導者の資質としては、子どもといっしょにできることを、どれだけ多く身につけているかが問われる。

　要は、つまずきへの対策として、幼児体育指導者は、できるだけ子どもの気持ちの理解に努め、勝敗や記録にこだわるのではなく、運動の楽しさを伝えられるような指導のしかたを工夫していくことが必要といえる。（前橋）

Q：運動で安全能力が向上するのか

A：運動技能を身につけることは、生命を守る動作や技術を習得していることであり、危険を避けたり、かわしたりして、自己の安全能力の向上に役立つ。また、ルールや指示に従う能力が育成されてくることによって、事故防止にもつながる。（前橋）

Q：日本で行われた最初の運動会は

A：運動会の歴史を調べてみると、1874（明治7）年3月21日、東京・築地の海軍兵学寮にて、イギリス海軍士官の指導で導入きれたアスレチックスポーツ「競闘遊戯」会が最初のようである。この遊戯会の遊戯番付（プログラム）は、第1から第18まであり、行司（審判）は、英国中等士官シントジョン氏、下等士官シプソン氏、チップ氏の3名であった。種目の中には、現在の150ヤード走を「すずめのすだち」、幅跳びを「とびうをのなみきり」、高跳びを「ほらのあみごえ」、棒高跳びを「とんぼのかざかへり」、競歩を「かごのにげづる」、2人3脚を「てふのはなおび」等と呼んでいた。しかし、イギリス人がいなくなるとともに、止んでしまった。（前橋）

Q：日本人による最初の運動会は

A：1878（明治11）年、「少年よ大志を抱け」の言葉を日本の青年たちに残したクラーク博士の影響による運動会が札幌で行われた。それが、札幌農学校（後の北海道大学）の「力芸会」であった。この会は、第1回遊戯会と名づけられ、わが国最初の日本人による運動会として記録に残されている。力芸会と呼ばれたのは、実施した運動のことを「力芸」と呼んだことによる。種目には、100ヤード走、200ヤード走、10マイル走、1マイル走、半マイル走、走り幅跳び、走り高跳び、棒高跳び、ハンマー投げ、2人3脚、竹馬競争、提灯競争、蛙跳競争、じゃがいも拾い競争、食菓競争（パン食い競争の原型）等があった。

　今日の陸上競技種目やレクリエーション的種目も採用されていたことから、札幌農学校の運動会でとりあげられたタイプの種目は、今日までの長い間、親しまれ続けていることがわかる。また、じゃがいも拾い競争や食菓競争が行われたということは、農民の生活やあそびが積極的に種目としてとり入れられた様子が伺える。（前橋）

Q：春と秋の二季に運動会を行うことになった理由は

A：1887（明治20）年、帝国大学の渡辺洪基総長は、帝国大学春期短艇競漕会での祝辞の中で、日常生活における正しい運動のあり方と人間としての心身の調和的発達のための正しい運動の必要性を強調した。そして、特定の日にこれを全員が実行し、その具体的な姿を広く、多くの人にも見せるということは意味があると訴えた。さら

に、祝辞の最初に、春と秋の二季に運動会を行うことを告げ、水陸の運動を奨励した。これが、定期的行事としての運動会のはじまりともいえるものである。（前橋）

Q：運動会の練習で入退場を厳しくいう風習は、どこからくるのか

A：1888（明治21）年、石川県の各学校は、文部大臣森　有礼の学校視察の歓迎準備のために、 子どもたちに兵式体操を練習させ、同年の春に金沢市、石川郡、河北郡の一市二郡の小学校児童の連合運動会を開いた。そして、10月の視察の際、大臣の臨場する運動会を第2回とし、秋季の連合運動会を開いた。場所は、金沢市の北の海岸である普正寺の浜であった。

そこで、大臣に見せたのが隊列運動と亜鈴運動、徒手体操、木銃と背のうを担った運動と行進で、それは本物の軍人に負けないようなきびきびとした動作で、大臣が大変ほめ、喜んだ。森　有礼大臣が奨励した、こういう運動会の形式は、長く日本の小学校に生き続けた。森　有礼大臣が学校教育の中に兵式体操を奨励し、軍隊的な形式を導入した理由は、すすんで行動しようという国民性をつくりあげるのに、軍隊のやり方を利用するのが一番良いと考えたからだろう。言いかえれば、日本国民に従順、友情、威儀の徳を身につけさせるとともに、軍隊の忠誠という精神の中に統一国家としての日本のイメージをいだいていたのではないか。（前橋）

Q：運動会がお祭り的なのはなぜ

A：お祭り的になった大きな原因は、明治末期から行われだした地方改良にあると考える。以前は、「村の鎮守」単位で行われていた祭りや結婚式などの行事や活動も、行政村単位の中で設立された小学校が、村の鎮守の代理機能をはたすことができるようになって、以前の祭り的雰囲気を継続させたからである。つまり、地方改良との関連で、村の鎮守が変質し、行政村社の祭りを補うものとして、小学校の運動会が地域の人々からの関心を大きく集めていった。（前橋）

Q：運動会において万国旗を使用した理由は

A：大正中期頃から、運動会において、万国旗の使用が定着し、明治以降の日本人の外国に対する深甚な関心のありようを示している。港に停泊している外国船の国旗が風に揺られながら、色とりどりの美しさを見せてくれ、とてもきれいだった。そして、その光景を見ながら、外国に対するあこがれや強い関心をもつようになり、学校の運動会の飾りつけにも、その美しさを、これまでのちょうちんによる飾りつけに替わって用いだしたのである。（前橋）

Q：短時間睡眠児にみられる症状は

A：短時間睡眠の子を観察すると、注意集中ができない、イライラする、じっとしていられない、歩き回る等、どんどん気になる様子がみえてくる。（前橋・石井、1996）。短時間睡眠で幼児期を過ごして小学校に上がっていくと、1時間の授業に集中できない。10分〜20分たってくると、集中力を失ってキョロキョロし、イライラしてくる。じっとしていられない、歩き回るという行動が起きてしまう。いくら優秀な先生がいても、子どもの方の生活基盤がしっかりしていないと、とくに短時間睡眠の睡眠習慣が身について就学してくると、教員も太刀打ちができない。幼児期には、夜間に少なくとも10時間以上の睡眠時間を確保させることが欠かせない。

短時間睡眠が長く続くと、もっと激しい症状、いわゆるキレても仕方がない状況、子どもたちが問題行動を起こしても仕方のない状況が、自然と出てくる。よって、乳幼児期から睡眠を大事にすることを、学校（園）や家庭だけの問題ではなく、地域社会をあげて、もっと大切に考えていく必要があると考える。（前橋）

Q：知覚に問題があり、動きがぎこちない子どもの指導は

A：からだに触れたものに過敏に反応したり、歩いたり走ったり跳んだりする動きがぎくしゃくしている、スキップや縄跳びができない、ボール運動が苦手であるといった子どもたちは、知覚に問題がある場合が多い。これは感覚統合に問題があるということで、触覚およびからだの向きや傾きを感じ取る感覚器官と、それに応じてからだを動かす筋肉や関節の連携がスムーズに行われず、自分のからだの動きや方向を把握できなくなっているために、からだの動きがぎこちなくなったり、からだ全体を協調させる運動が難しくなったりしている。

このような子どもたちには、まず触覚による刺激を促すことが基本となる。触覚受容器への刺激は、脳で処理され、私たちが外界を知るための弁別的な触覚機能へと高まっていく。また、刺激に対してからだを動かすことにより、立ち直り反応が促進され、身体意識の形成が促される。さらに、触・圧刺激は、情緒の安定にも効果がある。次の段階として、からだの動きを意識的に言葉で言わせたり、考えさせたり、見せたりしながら、模倣や自らの活動をさせることが必要となる。この日常的な積み重ねが身体意識を養い、全身を使ったスムーズなからだの動きにつながっていく。（前橋）

Q：転倒時の観察

A：転倒したときにどこをぶつけたのかがわからないときは、痛がる部位だけでなく、その周囲や他の部位も観察し、皮膚が暗紫色に変色している部位（内出血）を冷やして、安静にさせる。転倒後に、嘔気を訴える、嘔吐する、意識がもうろうとしているときは、転倒時に頭部を打撲し、内出血している可能性が高いので、安静にして

救急車を呼ぶ。(前橋)

Q：でんぐり返りや片足とびができない、階段を一段一足の交差パターンで降りられない、小学生になっても片足立ちができない、ブランコで立ちこぎができない、線上を歩いたり走ったりできない、といった子どもには、何を優先してさせたらよいのか

A：重力に対して自分のからだをまっすぐに保つという「立ち直り反射」や「平衡反応」を強化するあそびを多く取り入れるとよい。また、全身運動を取り入れ、ボディーイメージ（自分のからだの大きさや長さ、幅などがこれくらいという感覚）をつくらせたり、逆さ感覚を育てたりしながら、恐怖心を取り除くようにする。例えば、高い高い、ぐるぐるまわし（逆さ感覚をつかませる）、大玉乗り、ハンモック、ゆりかご（不安定な位置に慣れさせる）、平均台や床に置いたロープに沿って歩かせる、鉄棒、ハンモック、トランポリン等を使って、回転したり激しく動いたりした後で、からだのバランスが保てるようにする（立ち直り反射の促進）、小さくなって鉄棒の下をくぐったり、物をよけて進んだりするゲーム等を通して、自分のからだの大きさを感じ取らせる等が良い。(本保)

Q：睡眠と覚醒のリズムが乱れると、どうなるのか

A：睡眠と覚醒のリズムが乱れ、生体のリズムが崩れると、眠るためのメラトニンや、元気や意欲を引き出すコルチゾールやβ－エンドルフィン等の脳内ホルモンの分泌の時間帯が乱れて、体温調節ができなくなる。結果的に、夜間は脳の温度が下がらず、神経細胞の休養が不十分となり、睡眠時間は長くなっていく。したがって、朝起きられなかったり、いくら長く寝てもすっきりしなかったりするのである。

　当然、朝、起きることができないから、午後になって、やっとコルチゾールやβ－エンドルフィンが分泌されると、少し元気が出てくる。もちろん、能力としては極端に低下しているので、結果的には、疲れやすさや持久力低下、疲労感の訴えの高まり、集中力低下、ぼんやり、いらいら、無気力、不安、うつ状態を引き起こしていく。

　また、近年は、幼児期からいろいろな種類のお稽古ごとが増え、脳が処理すべき情報量の増加とそれに反比例した睡眠時間の減少（睡眠不足）が、子どもたちの持続的な緊張状態をつくり上げている。この状態が、さらに慢性化し、重症化すれば、睡眠は浅くなり、疲労回復もできず、能力は極端に低下する。そして、将来、中学校・高校へと進む過程の中で、勉強に全く集中できず、何も頭に入らなくなり、日常生活も困難となって、家に閉じこもるようになっていくことが懸念される。(前橋)

Q：幼児の運動時の体調の観察は

A：幼児は、自己の体調の変化や痛みを、適切に言葉で表現することが難しいため、大人が、その変化に早めに気づいてあげることが大切である。体調不良のままで運動すると、集中力や注意力が低下しているために、思わぬ事故に結びつく危険性がある。指導者は、運動の開始時だけでなく、運動中や休憩時間でも、子どもの顔色や機嫌、活気、動き方などの様子を常に観察し、子どものささやかな変化を見逃さないようにすること。何気ない気づきが、からだの不調を早期に発見し、大きなケガや事故を防ぐことにつながる。（前橋）

Q：生活習慣に関するチェック項目はないのか

A：健康的な生活になっているか、幼児の生活習慣をチェック項目を紹介する。
　①食べて！
　　□ 朝食を食べた
　　□ 朝、ウンチを済ませて、1日を開始した
　　□ 夜食は食べなかった
　②動いて！
　　□ からだを動かす運動あそびをして、汗をかいた
　　□ 戸外を好んで遊んだ
　　□ 友だちと関わっていっしょに遊んだ
　　□ からだを動かすお手伝いをした
　③よく寝よう！
　　□ 夜はお風呂に入ってゆったりした
　　□ 夜は、9時までには寝るようにした
　　□ 夜間に10時間は眠った

　3つの法則（食べて、動いて、よく寝よう）を実践して、就学までに健康的な生活リズムを身につけよう！
　○が1～2個…改善できそうなことを1つ選んで、挑戦してみよう。
　○が3～4個…がんばっているよ。もうすこし。
　○が5～6個…まずまず。この調子で、もう1つ、挑戦してみよう。
　○が7～8個…なかなか調子づいてきたね。
　○が9～10個…いいよ。しっかり身についてきたね。この調子で、よい生活リズムを維持しよう！（前橋）

Q：痙攣・ひきつけの対応は

A：けいれんとは、筋肉が急に激しく収縮することで、ひきつけともいう。乳幼児期は、脳神経の細胞が未発達なために、発熱や強い刺激を受けた場合、神経細胞から強い電流が出て、筋肉がけいれんを起こしたり、意識がなくなったりする。初めてけいれんを起こすのは、3歳未満が約8割で、そのうち、約半数の子どもが、2回以上けいれんを起こす。けいれんで、最も多いのは熱性けいれんで、38℃以上の発熱に伴って起こる。高熱時に、意識がはっきりしなかったり、数分間、一点を見続けるような状態もある。てんかんによる場合や、頭を強く打った場合にも、けいれんを起こすことがある。その場合には、すぐ病院を受診してもらいたい。けいれんが起きると、突然、からだを硬くして、その後、手足をブルブル（ガタガタ）ふるわせ、目は上方を向いて白目となり、意識はなくなり、呼吸が荒く、不規則になる。多くの場合は、5分以内におさまり、その後、意識が回復するか、スヤスヤと何事もなかったように眠る。

子どもがけいれんを起こしたら、あわてないで、子どものそばに付き添う。硬いものや、角がとがっている積み木、机、椅子など、皮膚を傷つける可能性のあるものを除去して、子どもが外傷を受けないようにする。子どもの洋服のボタンをはずして、衣服をゆるめ、半伏せ、または顔を横向きにして、窒息を予防する。けいれんの持続時間や、けいれんが全身に起こっているのか、身体のどの部分に生じているのか等を観察する。けいれんがとまったら、横向きに寝かせ、身体を暖かくして、安静に保つ。そして、体温を測る。嘔吐して、口の中に吐物が見られるときは、顔を横に向け、示指にハンカチ、または、ガーゼ等の布を巻いて、下顎を押して口を開けさせ、口の中に挿入して吐物を取り除く。刺激により、再発作を起こすことがあるので、運搬時には注意する。すぐに保護者に連絡する。

以下の場合は、医療機関を受診する必要があることを保護者に伝えよう。①初めてけいれんを起こしたとき、②けいれんが5分以上続くか、1日のうちに2回以上繰り返すとき、③からだの一部だけのけいれんや左右差が強いとき、④けいれんの後に意識が回復しない、または、身体の動きが悪いとき等。けいれんを起こして、舌をかむことはないので、わり箸にガーゼを巻いて口にくわえさせる必要はない。かえって、割り箸で口の中を傷つけてしまう可能性がある。また、けいれんは、数分でおさまるので、身体を抑制する必要もない。（浅川）

Q：運動時に子どもの異常を見つけた場合は、どうしたらよいか

A：異常をみつけた場合は、あわてずに落ち着いて対応すること。あわてている様子は、子どもに不安感を与えるので、他の指導者の応援を呼び、すぐに保護者に連絡する。焦らず、冷静に対応すること。異常の詳細を観察し、処置の方法や、医療機関を受診すべきであるかどうかといった、見極めや判断が必要である。判断が難しい場

合には、複数の職員で確認すること。医療機関の受診は、原則として保護者に依頼すること、緊急の場合でも、必ず保護者に連絡し、同意を得て、受診させること。（前橋）

Ｑ：睡眠・食事・運動を軽視して、生活リズムを大切にしなかったら、後にどうなる

Ａ：幼少児期から睡眠リズムが乱れたり、運動不足になったり、食事が不規則になったりすると、中学・高校期に入ると、メラトニンという脳内ホルモンの分泌の時間帯もずれてくる。また、朝、起こしてくれるホルモンが出なくなり、起きられない。つまり、寝ているわけだから、日中、家に引きこもって、学校に行けない状態になる。

また、脳温を高め、意欲や元気を出させてくれるホルモンが、ずれて夕方くらいから分泌されるようになると、夜に活動のピークがくるというような変なリズムになってしまう。言い換えれば、朝、起床できず、日中に活動できない、夜はぐっすり眠れない、という生活になっていく。

要は、睡眠のリズムが乱れてくると、朝ご飯が食べられない、摂食のリズムが崩れていく。エネルギーをとらないと、午前中の活動力が低下し、運動不足になってくる。そして、自律神経の働きも弱まってきて、体温リズムの乱れを生じ、やがて、ホルモンの分泌のリズムも崩れてくる。

こういう状態になってくると、子どもたちは、体調の不調を起こして、精神不安定にも陥りやすくなって、勉強どころではなくなる。学力低下や体力低下、心の問題を引き起こすようになっていく。

つまり、睡眠、食事、運動の機会が、子どもたちの生活に保障されないと、自律神

睡眠リズムが乱れると
↓
摂食リズムが崩れる（朝食の欠食）
↓
午前中の活動力の低下・１日の運動量の減少
（運動不足・体力低下）
↓
オートマチックにからだを守る自律神経の機能低下
（昼夜の体温リズムが乱れ、自発的に自主的に行動ができなくなる）
↓
ホルモンの分泌リズムの乱れ
（朝、起床できず、日中に活動できない、夜はぐっすり眠れなくなる）
↓
体調不良・精神不安定に陥りやすくなる
↓
学力低下・体力低下・不登校・暴力行為

図　日本の子どもたちの抱える問題発現とその流れ

経の働きが悪くなって、オートマチックにからだを守ることができなくなる。意欲もわかず、自発的に、自主的に行動できなくなっていく。教育の世界で言う「生きる力」は、医学・生理学でいうと「自律神経の機能」なのである。ぜひ、子どもたちの「睡眠」、「食事」、「運動」というものを、大切に考える大人たちが必要である。もし、自律神経の機能低下を生じたならば、運動療法をお勧めする。何も、スポーツをしろというのではない。スポーツができるくらいだったら、問題はない。自律神経の機能低下を生じると、動こうという意欲すらもてなくなる。散歩やからだ動かしに誘いながら、少しでもおなかがすき、そして、眠れるように、ゆっくり導く。

　子どもたちの活動力や体力の低下を防ぐために、睡眠と食事に家庭の協力がいるし、活動力が低下している子どもたちをどういうふうに受け入れて、どういうふうに保育や教育実践の中で、より良い状況にしていくか、より良い学習効果が得られるようにするにはどうしたらよいか等、園や学校現場での模索や研究が大いに必要になっている。(前橋)

Q：生活リズムを改善する方法は

A：生活リズムの改善には、「早寝・早起き」が基本となる。夜型化した子どもの起床や朝食開始の時刻の遅れを防止する具体策は、就寝時刻を現状よりも1時間ほど早めることである。これによって、充実した毎日の生活を体験させるために必須の条件である朝食の摂取と朝の排便が可能となり、登園後の生活の中で、子どもたちは情緒の安定と対人関係の充実をより一層図っていくことができるようになる。

　つまり、就寝時刻を早めるためには、「子どもたちの生活の中に、太陽の下での戸外運動を積極的に取り入れること」、とくに、「午後の戸外あそび時間を増やして運動量を増加させ、心地よい疲れを誘発させること」、「調理時間の短縮や買い物の効率化などを工夫し、夕食の遅れを少しでも早めること」、そして、「テレビ・ビデオ視聴時間を努めて短くして、だらだらと遅くまでテレビやビデオを見せないこと」が有効と考える。ただし、メディア利用の仕方の工夫に力を入れるだけでは、根本的な解決にはならない。つまり、幼少年期より、「テレビやビデオ、ゲーム等のおもしろさ」に負けない「人と関わる運動あそびやスポーツの楽しさ」を、子どもたちにしっかり味わわせていかねばならない。(前橋)

Q：幼児に、おやつがなぜ必要なのか

A：大人も子どもも、朝・昼・晩と3食を食べて生活を支えているが、幼児は急激に成長していく中で、胃は小さいし、腸の働きは未だ弱いから、一度に多くの食を取りこめないので、成長するためには3食では足らない。つまり、おやつでその不足分を補う必要がある。だからこそ、おやつも食事の一部と考えてほしい。

　つまり、幼子にとっての食事は、1日4食〜5食が、小分けにして必要なのである。

Q：低体温のからだへの影響は

A：朝、起きて体温が低いということは、からだが起きている状態ではないということ、脳も覚醒していない状態で活動をしなければならないということである。したがって、いろいろな活動をしても、無気力でやる気が出ず、実際に覚えきれなかったり、やりきれなかったりする。ウォーミングアップができていないということである。あわせて、朝食の欠食をし、日中に運動が足りないと、産熱や放熱の経験が少なくなり、自律神経が鍛えられず、体温は適切にコントロールされなくなって、夜の眠りも浅くなる。

　子どもたちの生活リズム上の問題点を改善し、自律神経の働きを良くするには、「就寝時刻を早めること」だが、そのためには、まずは、朝食を食べさせて、日中のあそびや運動体験の機会をしっかりもたせることである。

　中でも、日中、太陽の下で戸外運動を積極的に取り入れることは、子どもたちの体温を上げたり、汗をかいて放熱したりする経験を十分にもたせてくれ、自律神経の働きをいっそう高めてくれる。とくに、「午後の戸外あそび時間を増やして運動量を増加させ、心地よい疲れを誘発させること」、そして、「だらだらと遅くまでテレビやビデオを見せず、健康的な視聴をさせるよう心がけることが、生活リズム向上のためには、極めて有効と考える。（前橋）

Q：午睡の役割は

A：午前中に遊びこんだ子どもの脳温は高まり、その勢いでオーバーヒート気味になっていく。これを防ぐために、脳を休める昼寝（午睡）がある。体力がついてくると、寝なくても大丈夫になってくるが、まだまだ大脳の働きが弱く、体力レベルの弱い幼子には、脳温を一時下げて通常の体温リズムにもどす、言い換えれば、脳を休める昼寝（午睡）が必要なのである。もし、一律に午睡を排除すると、体力レベルの低い子どもは、脳温のコントロールができなくなっていく。夜に早く眠らせようと、午睡をさせないようにすると、計算的には昼間の睡眠がなくなるわけであるから、夜に早目の就寝が期待されるが、それは大脳機能が未熟な上に、必要な時間帯にクールダウン（体温調節）をさせてもらえないわけだから、のちのち自律神経の機能低下やホルモンの分泌リズムを乱す誘因にもなっていくことが懸念される。

　したがって、幼い幼児期においては、午前中のあそびで生じた脳温の高まりを、まずはオーバーヒートしないように下げる午睡を大切にしていくことが大切であり、体力レベルの高まった子どもに対しては、無理に寝させなくてもいいけれども、脳を休憩させる静かな時間「クワイエットタイム」の確保をお勧めする。（前橋）

Ｑ：親子体操はなぜよいのか

Ａ：近年は、幼いときから、保護者から離れて生活することが多くなってきた。そうなると、子どもが愛情に飢えるのもわかる。親の方も、子どもから離れすぎると、愛情が維持できなくなり、子をいとおしく思えなくなっていく。便利さや時間の効率性を重視するあまり、徒歩通園から車通園に変え、「親子のふれあい」や「歩く」という運動量確保の時間も減っていき、コミュニケーションが少なくなり、ひいては、体力低下や外界環境に対する適応力も低下している。

　今日の特徴であるテレビやビデオの使いすぎも、対人関係能力や言葉の発達を遅らせ、コミュニケーションがとれない子どもにしていく。ここは、腰を据えて、乳幼児期から親子のふれあいがしっかりもてて、かつ、からだにも良いことを実践していかねばならない。だから、「親子体操」は重要で、それを生活化させていくことが求められている。まず、親子で遊んだり、体操をしたりする機会を設け、子どもといっしょに汗をかくのが良い。子どもに、お父さんやお母さんを独り占めにできる時間をもたせてもらいたい。親の方も、子どもの動きを見て、成長を感じ、喜びを感じてくれる。他の家族がおもしろい運動をしていたら、参考にしたり、子どもががんばっていることをしっかりほめたりして、自信をもたせてもらいたい。子どもにも、動きを考えさせて創造性を培う機会をもってもらいたい。動くことでお腹がすき、食事が進む。夜には、心地よい疲れをもたらしてくれ、ぐっすり眠れる。親子体操の実践は、食事や睡眠の問題改善にも、しっかりつながっていく。

　親子体操は、これまで、いろいろなところで取り組まれている内容であるが、それらを本気で実践するために、地域や社会が、町や県や国が、しっかり動いて大きな健康づくりのムーブメントを作ることに期待したい。このような体験をもたせてもらった子は、きっと勉強や運動にも楽しく取り組んで、さらに家族や社会の人々とのコミュニケーションがしっかりとれる若者に成長していくはずである。急がば回れ、乳幼児期からの親子体操を通した「ふれあい体験」を大切にしていこうではないか。（前橋）

Ｑ：体力・運動能力測定の実施上の注意事項は

Ａ：体力測定の実施にあたっては、①対象児の健康状態を十分に把握し、事故防止に万全の注意を払うこと。医師から運動を禁止、または制限されている幼児や、当日、身体の異常（発熱、倦怠感など）を訴える幼児には行わないようにする。②体力測定は、定められた方法で、正確に行うこと。年少組の場合は、あらかじめ体力測定運動にあそびとして、慣らしておくことが望ましい。③体力測定前後には、適切な準備運動や整理運動を行うこと。④体力測定場の整備、器材の点検を行うこと。⑤計器（握力計、ストップウォッチ等）は、正確なものを使用し、その使用を誤らないようにすること。すべての計器は、使用前に点検しておくこと。（前橋）

Q：脳や自律神経を鍛える方法は

A：子どもたちの脳や自律神経がしっかり働くようにするためには、まずは、子どものとっての基本的な生活習慣（睡眠・食事・運動の習慣）を、大人たちが大切にしていくことが基本である。中でも、自律神経の働きを、より高めていくためには、①室内から戸外に出て、いろいろな環境温度に対する適応力や対応力をつけさせること、②安全なあそび場で、必死に動いたり、対応したりする運動あそびをしっかり経験させること、つまり、安全ながらも架空の緊急事態の中で、必死感のある経験をさせること。具体的な運動例をあげるならば、鬼ごっこや転がしドッジボール等の必死に行う集団あそびが有効である。③運動（筋肉活動）を通して、血液循環が良くなって産熱をしたり（体温を上げる）、汗をかいて放熱したり（体温を下げる）して、体温調節機能を活性化させる取り組みが必要である。（前橋）

Q：「食べて、動いて、よく寝よう！」運動とは何か

A：今日では、夜型化した大人社会の影響を受け、子どもたちの生体のリズムは狂いを生じている。不規則な生活になると、カーッとなったり、イライラして集中力が欠如し、対人関係に問題を生じて、気力が感じられなくなったりしている。生活リズムの崩れは、子どもたちのからだを壊し、それが、心の問題にまで影響を与えている。それらの問題の改善には、ズバリ言って、大人たちがもっと真剣に「乳幼児期からの子ども本来の生活」を大切にしていくことが必要である。

(1) 夜型の生活を送らせていては、子どもたちが朝から眠気やだるさを訴えるのは当然。

(2) 睡眠不足だと、注意集中ができず、また、朝食を欠食させているとイライラ感が高まるのは当たり前。授業中にじっとしていられず、歩き回っても仕方がない。

(3) 幼いときから、保護者から離れての生活が多いと、愛情に飢えるのもわかるが、親の方も、子どもから離れすぎると、愛情が維持できなくなり、子をいとおしく思えなくなっていく。

(4) 便利さや時間の効率性を重視するあまり、徒歩通園から車通園に変え、親子のふれあいや歩くという運動量確保の時間が減っていき、コミュニケーションがとれなくなり、体力低下や外界環境に対する適応力が低下していく。

(5) テレビやビデオの使いすぎも、対人関係能力や言葉の発達を遅らせ、コミュニケーションのとれない子どもにしていく。とくに、午後の運動あそびの減少、地域の異年齢児によるたまり場あそびの崩壊、ゲームの過度な実施やテレビ視聴の激増が生活リズムの調整をできなくしている。

それらの点を改善していかないと、子どもたちの学力向上や体力強化は図れないし、キレる子どもや問題行動をとる子どもが現れても不思議ではない。ここは、腰を据えて、乳幼児期からの生活習慣を健康的に整えていかねばならない。

要は、①朝、食べること、②日中、動くこと、③夜は、心地よく疲れて、早く寝ることが大切なのであり、「食べて、動いて、よく寝よう！」なのである。この健康づくりのためのスローガンは、今日では、全国的な動きに発展してきた。（前橋）

Q：1点突破・全面改善とは

A：生活は、1日のサイクルでつながっているので、生活習慣（生活時間）の1つが悪くなると、他の生活時間もどんどん崩れていく。逆に、生活習慣（時間）の1つが改善できると、次第にほかのことも良くなっていくという意味。

したがって、日中、太陽の出ている時間帯に、しっかりからだを動かして遊んだり、運動をしたりすると、お腹がすき、夕飯が早くほしいし、心地よく疲れて早めの就寝へと向かうことができる。早く寝ると、翌朝、早く起きることが可能となり、続いて、朝食の開始や登園時刻も早くなる。朝ごはんをしっかり食べる時間があるため、エネルギーも得て、さらに体温も高めてウォーミングアップした状態で、日中の活動が開始できるようになり、良い循環となる。

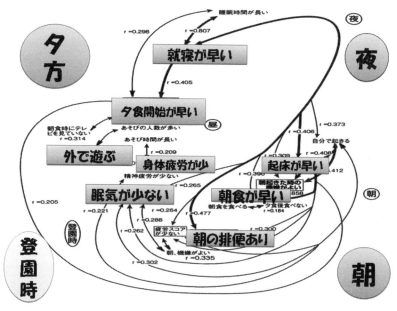

図　生活リズムファクター関連図

生活を整えようと思うと、朝の光刺激と、何よりも日中の運動あそびでの切り込みは、極めて有効である。あきらめないで、問題改善の目標を、1つに絞り、1つずつ改善に向けて取り組んでいくことを、1点突破と呼ぶ。そこから良い連鎖を生じて、全体も必ずよくなっていくことを、全面改善。「1点突破、全面改善」を合言葉に、がんばっていこう。(前橋)

Ｑ：うんちは、なぜ、朝でやすいのか

Ａ：人間は食物を食べると、消化の良い物で、7〜9時間ほどでうんちになる。じっくり消化していくと、24時間前後はかかる。夜10時間ほど寝るとするならば、夕食で食べたものの中で消化のよい食物の残りかすは、翌朝にはもう大腸に着いている。そして、朝の胃は、空っぽである。その空っぽの胃に、朝の食べ物が入ると、胃は食べ物が入ったことを脳に伝える。すると、今までに消化吸収された残りかすを出すために、腸が蠕動運動を始め、食物残渣を押し出そうとする。だから、朝、ウンチが出やすいのである。

　ただし、そのときに、腸内に満ちるだけの残りかすがある方が良くて、大腸に刺激が伝わると、じわじわと押し出していく。満ちるだけの残りかすをためようと思うと、お菓子だけでは、腸内に満ちるだけの残りかすによる重さと体積がつくれない。内容（質）の良い物を食べないと、うんちに結びつかないのである。(前橋)

Q：子どもたちに集中して話を聞いてもらうにはどうしたらよいか

A：「話を聞くときは、相手の目を見て聞くのよ。」と、子どもたちに言っている指導者をよく見かけるが、実は、ここに問題点がある。目を見ることのできにくい位置に、子どもたちをいさせてはいないだろうか。

　人間には、限られた視野があり、話し手の視野からはずれていたり、距離が遠すぎたりすると、子どもには聞き取りづらく集中力が散漫になる。

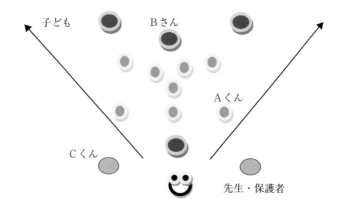

　図のAくんの位置は、話し手の視野に入り、距離も適切な位置にいる一般的な子ども。Bさんの位置は、視野には入っているが、距離が離れすぎているために声が通りづらく、よそ見をしたり、砂いじりをしたりすることの多い子どもたちの位置。ただ、この位置にいる子どもたちは、話し手の位置を時に反対に動かしたり、話し方を工夫することで解消することもできる。

　意外と気がつかれないのが、Cくんの位置にいる子どもたち。距離的には近いものの、視野からはずれていることで、話し手の注意も向きにくく、集中力が散漫になりやすくなる。このような子どもたちは、どのグループにも存在していて、説明を聞き逃してルールを破ったり、成果があがりづらくなったりする。

　そこで、話し手は自らの視野を子どもたちに伝え、話を聞く際はその中に集まってもらえるような働きかけが重要になる。このことで、グループ全体の集中力が増してくる。（池谷）

コラム

遊具の正しい使い方・安全な遊び方

　遊具は、正しい使い方をして、仲よく・楽しく遊ぶことが求められる。安全な遊び方についての主な約束は、

①靴をしっかり履いて、脱げないようにする。
②マフラーのように、引っかかりやすいものは取って遊ぶ。
③上着の前を開けっ放しにしない。
④ランドセルやカバンは置いて遊ぶ。
⑤ひも付き手袋はしない。
⑥上から物を投げない。
⑦飛び降りない。
⑧遊具に、ひもを巻きつけない。
⑨濡れた遊具では、遊ばない。
⑩壊れた遊具では、遊ばない。（前橋）

固定遊具を安全に利用するための点検

1．日常点検
　日常点検とは、遊具の変形や異常の有無を調べるために、管理者が目視診断、触手診断、聴音診断などにより、行う日常的な点検のこと。日常点検を効率的に行えるようにするには、遊具ごとに日常点検表があるとよい。

2．定期点検
　専門家に依頼して、定期的に点検（劣化点検や規準点検）を行ってもらう。
　劣化診断の例としては、遊具の設置後、長い年月が経過すると、地面に近い箇所で、目に見えない劣化が進んでいる場合がある。そのため、定期点検によって、その劣化の状態を把握していく。
　規準診断の例として、遊具の安全規準は年々改定されており、以前は規準を満たしていた遊具でも、現在の規準には当てはまらない場合がある。定期点検をして、現在の規準を満たしているかを確認する必要がある。

3．遊具点検後の修繕・撤去
　不具合のあった遊具については、使用禁止とし、補修が完了すれば、開放するが、補修が不可能のものについては、撤去が基本である。

固定遊具点検時のポイント

1. 幼児・児童のための遊具は、定期的に点検し、必要ならば、補修を行い、遊具の安全確保を図り、事故を未然に防止し、適切に管理することが必要である。そのために、管理者は、専門家による遊具の保守点検を、少なくとも年に１回以上は実施してほしい。保守点検を行った遊具については、点検実施時における状況、点検結果を記録し、適正に保管することが必要である。また、遊具の劣化は、設置後の経過年数や、地域の気象条件ならびに遊具の使用状況、部位、構造、管理方法および立地条件などにより、劣化の進行状況が異なることに留意していただきたい。

2. 遊具を構成する構造部材および消耗部材は、金属類、木質類、プラスチック系、繊維などの様々な材料が用いられていることを理解し、事故に繋がりやすい危険箇所など、過去の実例から危険性があると判断されるポイントについて、重点的に点検を実施することが必要である。

3. 点検の結果、遊具の撤去または補修の必要が生じた場合は、迅速な対応が求められる。
   ①放置しておくことで、事故につながる恐れがあると判断されるものについては、早急に使用禁止の措置を行うとともに、撤去または補修を行うこと。
   ②補修の困難なものについては、撤去を行うこと。
   ③早急に対応する必要がない場合は、点検終了後に補修を実施すること。
   ④事故に繋がるおそれがなく、当該点検時に補修を実施するよりも適切な時期に補修を実施する方が効果的なものについては、経過観察をすること。（前橋）

安全に配慮した遊具の設計

　樹木の環境を生かしつつ、安全領域を確保することが基本。安全マットの設置や段差の注意喚起の塗り分け等、安全に配慮した設計・配置が求められる。（前橋）

固定遊具製品そのものの安全性

①突起の少ないボルト類：子どもたちの手やからだにふれる部分には、突起の少ないボルトを使用すること。
②指爪防止チェーン：チェーンの隙間に樹脂カバーを取り付けてカバーチェーンにすること。
③盗難防止ボルト：ときに、遊具のボルトを盗む心無い人が現れることがある。特殊工具を必要とするボルトを使い、いたずらからなる事故を防ぐことも必要。
④鋼材の品質：JIS規格に定める鋼材を使っていることが必要。

⑤木材：耐久性、耐水性が良く、ささくれ等が起こらないような素材が求められる。
⑥樹脂：耐候性や衛生面に優れているもの。
⑦ネット遊具：耐候性や耐摩擦性、耐熱性、衛生面に優れたもの。
⑧塗装：耐候性や耐水性、防カビ、防藻性に優れ、美観を保つもの。（前橋）

固定遊具設計・設置上のポイント

①頭部・胴体・首・指を挟みこんでしまう隙間を除去して、事故を防止する。子ども
　が自分の体格を意識せずに通り抜けようとした場合、頭部や胴体の挟み込みが発生
　しないように、開口部は胴体が入らない構造にするか、胴体が入る場合は頭部が通
　り抜ける構造にする。
②指が抜けなくなる恐れのある穴は、設けないようにする。
③踊り場や通路といった歩行や走行を目的とした平坦な床面の隙間は、30mm を超え
　ないようにする。ただし、つり橋やネット渡り等のあそびを目的にした部分の隙間
　は、頭部や胴体の挟み込みが起こらないようにする。要は、子どもが容易に触れる
　ことができる部分には、突出部や隙間を除去し、事故を防止したい。
④子どもが容易に触れる可能性のある部分には、着衣の一部やカバンのひもが絡まっ
　たりしないように配慮する。とくに、滑走系の遊具の滑り出し部など、落下が予想
　される箇所では、絡まったり、引っかかったりする突出部や隙間がないようにす
　る。落下高さに応じて、ガードレールや落下防止柵を設置し、不意な落下を防止す
　る。（前橋）

運動をして育つ要素

1. 体力（physical fitness）
　（1）行動を起こす力
　　　1）筋力（strength）…筋が収縮することによって生じる力のこと。つまり、筋
　　　　が最大努力によって、どれくらい大きな力を発揮し得るかということで、kg
　　　　であらわす。
　　　2）瞬発力（power）…パワーという言葉で用いられ、瞬間的に大きな力を出し
　　　　て運動を起こす能力をいう。
　（2）持続する力
　　　持久力（endurance）といい、用いられる筋群に負荷のかかった状態で、いか
　　に長時間作業を続けることができるかという筋持久力（muscular endurance）と、
　　全身的な運動を長時間継続して行う呼吸・循環機能の持久力（cardiovascular ／
　　respiratory endurance）に、大きくわけられる。

（3）正確に行う力（調整力）
  1）協応性（coordination）…身体の2つ以上の部位の運動を、1つのまとまった運動に融合したり、身体の内・外からの刺激に対応して運動したりする能力を指し、複雑な運動を学習する場合に重要な役割を果たす。
  2）平衡性（balance）…バランスという言葉で用いられ、身体の姿勢を保つ能力をいう。歩いたり、跳んだり、渡ったりする運動の中で、姿勢の安定性を意味する動的平衡性と、静止した状態での安定性を意味する静的平衡性とに区別される。
  3）敏捷性（agility）…身体をすばやく動かして、方向を転換したり、刺激に対して反応したりする能力をいう。
  4）巧緻性（skillfulness）…身体を目的に合わせて正確に、すばやく、なめらかに動かす能力であり、いわゆる器用さ、巧みさのこと。
（4）円滑に行う力
  1）柔軟性（flexibility）…からだの柔らかさのことで、からだをいろいろな方向に曲げたり、伸ばしたりする能力。この能力が優れていると、運動をスムーズに大きく、美しく行うことができる。
  2）リズム（rhythm）…音、拍子、動き、または、無理のない美しい連続的運動を含む調子のことで、運動の協応や効率に関係する。
  3）スピード（speed）…物体の進行する速さをいう。

2. 運動スキル（movement skills）
  1）移動系運動スキル（locomotor skill）…歩く、走る、這う、跳ぶ、スキップする、泳ぐ等、ある場所から他の場所へ動く技術。
  2）平衡系運動スキル（balance skill）…バランスをとる、渡る等、姿勢の安定を保つスキル。
  3）操作系運動スキル（manipulative skill）…投げる、蹴る、打つ、取る等、物に働きかけたり、操ったりする動きの技術。
  4）非移動系運動スキル（その場での運動スキル、non-locomotor skill）…その場で、ぶら下がったり、押したり、引いたりする技術。

3. 運動時に育つ能力
  1）身体認識力（body awareness）…身体の部分（手、足、膝、指、頭、背中など）とその動き（筋肉運動的な動き）を理解・認識する力。自分のからだが、どのように動き、どのような姿勢になっているかを見極める力。
  2）空間認知能力（spacial awareness）…自分のからだと自己を取り巻く空間について知り、からだと方向・位置関係（上下・左右・高低など）を理解・認知する能力。

ブランコの安全点検チェックポイント

①支柱地際部は掘削して、腐食とコンクリート露出の有無を目視・打診で全数チェックする。
②梁と支柱の鋳物接合部の腐食の有無を、目視・打診でチェックする。
③吊金具部分は、目視・触診・聴診で、腐食やがたつき、異常音の有無をチェックする。
④吊具は、チェーンの上端と下端の摩耗の有無とスイングクリアランスが適正かチェックする。
⑤チェーンと座板との取付ボルトに、緩みの有無をチェックする。
⑥実際に乗ってみて、全体のグラツキや異常音をチェックする。（ジャクエツ）

滑り台の安全点検チェックポイント

①支柱地際部は掘削して、腐食とコンクリート露出の有無を目視・打診で、全数チェックする。
②踊場と柵との接合部の腐食の有無を、目視・打診でチェックする。
③滑走路側板の腐食の有無を、目視・打診でチェックする。
④滑走路面の破損個所の有無を、目視でチェックする。
⑤踊場と滑走路との接合部の隙間の有無を、目視でチェックする。（ジャクエツ）

鉄棒の安全点検チェックポイント

①支柱地際部は、掘削して腐食とコンクリート露出とグラツキの有無を、目視・打検・触診で全数チェックする。
②支柱の鋳物接合部の腐食の有無を、目視・打検でチェックする。
③握り棒（シャフト）にガタツキ、回転、取付ボルト突起の有無を、目視・触診でチェックする。（ジャクエツ）

ジャングルジムの安全点検チェックポイント

①支柱地際部は、掘削して、腐食とコンクリート露出とグラツキの有無を、目視・打診・触診で、全数チェックする。
②縦・横支柱接合部の腐食の有無を、目視・打診でチェックする。
③全体の傾き、安全エリア内部や上部に樹木の根、枝などの有無をチェックする。（ジャクエツ）

スプリング遊具の安全点検チェックポイント

①実際に乗って、本体の破損個所や異常音やグラツキ等を、目視・触診・聴診で チェックする。
②固定ボルトの腐食を、目視・打検でチェックする。
③スプリングの腐食の有無を、目視・打診でチェックする。腐食発生、耐用年数（標 準５年）を超えたスプリングは交換する。（ジャクエツ）

木製総合遊具の安全点検チェックポイント

①各機能部位は、個別遊具に準じたチェックをする。
②支柱地際部は、掘削して腐朽とコンクリート露出の有無を目視・打診で、全数 チェックする。
③床板部の釘の突起、腐食の有無を、目視・触診・打検で、チェックする。
④実際に乗ってみて、全体のグラツキや床板のガタツキや摩耗箇所、ボルト・金具な どの突起の有無を、目視・触診でチェックする。
⑤ロープネットの切断箇所や摩耗箇所の有無を、目視・触診でチェックする。（ジャ クエツ）

熱中症と日射病、熱射病との関係

　熱中症は、体内温度が異常に上がって起こる身体の異常症状のこと。運動時は、発 汗が多く、顔面が紅潮し、脈拍が増加してくる。幼児は、体温調節機能が未熟で、体 内の水分割合が高いため、発汗により、脱水を起こしやすい特徴がある。
　日射病は、長時間、屋外にいた場合や、屋外での運動時に、頭や項部（頸の後ろ） に直射日光を受けることにより、起こる。一方、熱射病は、高温多湿の室内に長時間 いた場合や、室内で運動したときに起こる。環境条件は異なるが、日射病や熱射病に 共通して起こる身体の異常症状を熱中症という。
　ふらつく、ボーッとしている等の様子がみられたら、風通しがよく、暑くないとこ ろ（木陰やクーラーのある部屋）に運び、衣類をゆるめ、水平位、または、上半身を やや高めに寝かせる。体温が高いときは、冷たい水で全身の皮膚を拭いたり、水枕で 頭を冷やしたりする。嘔吐やけいれんがなく、意識がはっきりしているときは、２倍 以上に薄めたイオン水、または、水や麦茶、薄い食塩水などを飲ませる。水分は、体 温に近い温度の方が、身体への負担が少なく、体内に吸収されやすいので、常温か、 ぬるめのものが望ましい。（前橋）

おわりに

　日本の保育・教育の中では、子どもにとっての運動の大切さを十分承知していながら、運動を後回しにする傾向がよくみられます。最近の子どもたちの生活の夜型化や便利化から生じるからだのおかしさが顕在化するようになり、やっと運動の大切さが見直され始めました。

　子どもたちの夜型化した生活リズムの乱れを改善するためにも、親や幼稚園・保育園の保育者、体育指導者らが、いろいろな場面で運動のできる機会を子どもたちに用意する必要があります。そのため、運動の重要性をとり入れた、生活リズム向上戦略「食べて、動いて、よく寝よう！」運動が展開されています。

　そこで、運動を日常の生活の中にとり入れようとする指導の機会や幼児体育の指導場面で、子どもたちが心身ともに健全に育っていくよう、指導場面で使われる言葉や用語についても、関係者らが共通理解のもとに活用していくことが、それらのより一層の促進につながります。

　今日の子どもたちの生活課題の改善や体力・運動能力のさらなる向上のためにも、積極的に、本用語辞典を使用していただけることを期待しています。そして、朝から目を輝かせ、生き生きとからだを動かして、友だちと楽しく遊ぶ子どもたちがたくさん育っていってほしいと願います。

編集幹事　石井浩子

　日本語は、正確に話したり、論じたりするのが非常に難しい言語だと、日々実感しています。例えば、「運動能力」と「体力」、「生活習慣」と「生活リズム」、一瞬同じ言葉のようにも聞こえますが、全く意味の違う言葉で、その意味を一回で正確に答えられる人は、数少ないと感じています。

　私は、今、様々な業界の人々と出会う機会が多い仕事をしています。その仕事の中で、同じものを指していても、呼び方が異なる場面に、しばしば出くわします。例えば、取引のある会社や個人のことを、弁護士事務所では「クライアント」、介護施設では「利用者」、卸の会社では「得意先」と呼ばれています。そんな中、初めて出会うお客様との会話で、自然に、その業界での適切な言葉（単語・専門用語）を使うことができたら、相手との距離はグッと縮まり、信頼感も増します。そんな日常の人とのつながりのきっかけの一つに、信頼感を増すきっかけの一つに、この辞典が寄与すればよいと願っています。

　最後になりますが、子どもたちの未来を輝かしいものにするために、日々精進されている皆様に、手に取っていただき、幼児体育や保育、教育のお仕事に少しでもお役に立てたなら、幸いです。

編集幹事　五味葉子

索 引

あ

握力	1
アザラシ	1
足かけ後まわり	1
足かけ前まわり	1
足ジャンケン	1
足ぬきまわり	1
汗	1
あそび	1
あそびの効用	2
あそびの発達	2
R形うんてい	2
安全管理	2
安全教育	3
安全点検	3

い

いじめ	3
一輪車	3
移動系運動スキル	3

う

浮き指	3
動きの形成	4
動きの習得	4
動きの探究	4
腕支持	4

うんてい	4
運動あそび	4
運動会	5
運動学習適時性	5
運動感覚	5
運動着	5
運動機能の発達特徴	5
運動靴	5
運動の役割	6
運動の効果	6
運動場（園庭）	6
運動による治療的効果	6
運動能力	6
運動能力構造	7
運動能力テスト	7
運動の楽しさ	7
運動不足	8

え

園外保育	8
円盤渡りⅠ	8
円盤渡りⅡ	8

お

お芋ごろごろ	9
応急処置	9
応急対応	9
遅寝遅起きの体温リズ	
ム	9

お手玉	9
鬼あそび	9
鬼ごっこ	10
オペレッタ	10
親子ふれあい体操	10
お遊戯	10
音楽療法	10

か

開脚とび	11
回旋塔	11
回転ジャングル	11
外傷処置	11
外反母趾	11
カウプ指数	11
カウンセリング	11
カウンセリングスキル	12
カエルの逆立ち	12
課外教室（課外の体育	
活動）	12
学習	12
学童保育	12
かけっこ	12
片づけ	12
過失	13
簡易ゲーム	13
感覚統合	13
観察学習	13
監督	13

き

器械運動	13
企業内保育所	13
キックボード	13
キッズヨガ	13
機能訓練	14
木登り遊具	14
騎馬戦	14
基本運動	14
基本運動スキル	14
吸啜刺激	15
協応性	15
教具	15
教材	15
協働	15
協同あそび	15
虚構あそび	16
筋弛緩法	16
緊張	16
緊張と弛緩	16
筋力	16

く

空間認知能力	16
クオリティ・オブ・ライフ	17
靴教育	17
靴行動	17
靴選択	17
クマ歩き	17
クモ歩き	17
クライミングウォール	17
グループポーズ	17
クロスネット渡り	17

け

ケースワーク	18
劇あそび	18
ケンケン	18
健康・体力づくり	18
健康日本21	18
健全育成活動	18

こ

巧技台	19
厚生	19
高体温	19
巧緻性	19
後転	19
行動体力	19
後方	19
こうもり	19
交流保育	19
呼吸	19
午後あそび	19
子育てサークル	20
ごっこあそび	20
骨折	20
骨折の処置	20
固定遊具	20
固定遊具の安全性	21
子どもの権利条約	21
子どもの人権オンブズマン	21
ゴムステップ渡り	21
転がりあそび	21

さ

さかあがり	21
逆立ち（倒立）	21
里山保育	21
サーカディアンリズム（概日リズム）	22
サーカニュアルリズム	22
サッカー	22
3033運動	22
三点倒立	22
3間（サンマ）	22
三輪車	23

し

シーソー	23
しっぽとり	23
弛緩	23
紫外線	23
持久力	23
自己主張	23
自己中心性	24
施策	24
姿勢教育	24
姿勢の矯正	24
肢体不自由児	24
肢体不自由児施設	24
児童	24
児童委員	25
児童家庭福祉	25
児童館	25
児童虐待	25
児童憲章	25
児童権利宣言	25
児童厚生員	25

児童指導員	25	
児童自立支援施設	25	
児童自立支援専門員・		
児童生活支援員	26	
児童相談所	26	
児童福祉法	26	
児童養護施設	26	
示範	26	
自閉症	26	
ジャングルジム	26	
重症心身障がい児	27	
重度障がい児	27	
柔軟性	27	
受容あそび	27	
瞬発力	27	
ジュニアスポーツ指導		
員	27	
シューエデュケーション	27	
シューエデュケーター	28	
傷害	28	
障がい児	28	
松果体ホルモン（メラ		
トニン）	28	
少子化	28	
象徴あそび	28	
小児生活習慣病	28	
情緒障害／情緒障がい		
児	28	
触刺激のあそび	28	
触診	29	
自律神経	29	
身体活動の効果	29	
身体認識力	29	
新体力テスト	29	

す

随意運動	29
水泳	30
水分摂取（熱中症予	
防）	30
睡眠と活動のリズム	30
スキップ	31
スクールソーシャル	
ワーカー	31
健やか親子21	31
ストレス	31
ストレンジ	31
砂場	32
スピード	32
スプリング遊具	32
すべり台	32
スポーツ事故	32

せ

正課体育	32
生活習慣病	32
生活リズム	32
生物時計	33
生体リズム	33
セラピスト	33
セロトニン	33
潜在危険	33
前転	34
前方	34

そ

操作系運動スキル	34
創造あそび	34
想像あそび	34

ソーシャルワーク	34
側転	34
側方	34

た

体育あそび	34
体温異常	35
体温測定	35
体温調節	35
体温リズムの変化	35
太鼓橋	35
体操	35
体操服	36
体調確認	36
タイヤリング	36
体力	36
台上前転	37
高ばい	37
竹馬	37
立ち幅とび	37
立ち幅とびの測定法	37
脱臼	37
脱臼部位の固定	37
ダルクローズ	37
だるまさんまわり	38
タンブリング	38

ち

地域子育て支援セン	
ター	38
知覚運動スキル	38
知的障がい児	38
知的障がい児施設	38
聴診	38
注意欠陥多動性障	
害（ADHD）	38

調整力　　　　　　38

つ

築山　　　　　　　38
つき指　　　　　　39
綱引き　　　　　　39
吊り輪渡り　　　　39

て

Ｔスコア　　　　　39
ティーボール　　　40
ティーボールあそび　40
低体温　　　　　　40
デイケア　　　　　40
鉄棒　　　　　　　40
鉄棒の後まわり　　41
鉄棒の前まわり　　41
伝承あそび　　　　41

と

統合保育　　　　　41
頭部打撲の処置　　41
倒立　　　　　　　41
ドッジボール　　　41
跳び越しくぐり　　41
跳び越しくぐりの測定
　法　　　　　　　41
跳び箱　　　　　　42
徒歩通園　　　　　42
トラウマ　　　　　42
ドラム　　　　　　42
トランポリン　　　42

な

仲間関係　　　　　42
波形通路　　　　　43
波形パイプ登り　　43
縄跳び　　　　　　43
縄はしご渡り　　　44

に

25m走　　　　　　44
25m走の測定法　　44
日内変動　　　　　44
日周リズム　　　　44
日本の幼児の運動課
　題　　　　　　　44
乳児　　　　　　　45
乳児院　　　　　　45
乳児の運動機能発達　45
２連すべり台　　　45
認定こども園　　　45

ぬ

抜き足　　　　　　45

ね

熱中症　　　　　　45
熱中症予防　　　　46
捻挫　　　　　　　46

の

能動汗腺　　　　　46
脳内ホルモン　　　46
のぼり棒　　　　　47

は

ハザード　　　　　47
はしご渡り　　　　47
発育　　　　　　　47
発達　　　　　　　47
鼻出血　　　　　　47
鼻出血の処置方法　48
はねおき　　　　　48
パネルジャングル　48
パネル渡り　　　　48
腹這い　　　　　　48
バランス運動　　　48
バルーン　　　　　48
ハンガーレール　　49
伴奏　　　　　　　49

ひ

非移動系運動スキル　49
非言語コミュニケー
　ションスキル（ノン
　バーバルコミュニ
　ケーションスキル）　49
ヒコーキとび　　　49
ひとりあそび　　　49
ひねり　　　　　　50
肥満　　　　　　　50
肥満とやせ　　　　50
病児保育　　　　　50
敏捷性　　　　　　50

ふ

ファイヤーボール　50
ファミリーサポートセ
　ンター事業　　　51

フィールド・アスレチック	51	歩数	54	**ゆ**	
風船あそび	51	母性行動（愛）	54		
フープ	51	ホッピング	55	遊戯室	57
フープくぐり	51	ボール	55	遊具	57
プール	51			遊具の種類	57
複合遊具	51	**ま**		U字はしご渡り	57
付属設備	51			弓形スロープ	58
付帯施設	51	巻き爪	55	ゆらゆらパネル登り	58
ブタの丸焼	52	マット	55	ゆらゆらネット渡り	58
フラフープ	52	マットの後まわり	55		
ブランコ	52	マットの前まわり	55	**よ**	
プレイセラピー（遊戯療法）	52	マット運動	55		
		まりつき	55	養育困難児	59
プレイパーク	52			養護教諭	59
		み		幼児期	59
へ				幼児期に体験させたい運動内容	59
		水あそび	55		
ペアポーズ	52	脈拍	56	幼児の身体活動やあそびの意義	59
閉脚とび	52	民生委員	56		
平均台	52			幼児体育指導案	59
平行あそび	52	**む**		幼児体育指導における安全	60
平衡系運動スキル	53				
平衡性	53	群れあそび	56	幼児体育指導のテクニック	60
ベビーシッター	53				
ベビーホテル	53	**め**		幼児体育の基本	61
ヘルスプロモーション	53	メンタル・フレンド	56	幼児の運動機能の発達	61
扁平足	53				
		も		幼稚園	62
ほ				幼稚園教諭	62
		目視	56	要保護児童	62
保育士	53	モニュメント遊具	56	ヨガ	62
保育所	53	模倣学習	57	四つ這い	62
ボール投げ	54				
ボール投げテスト	54	**や**		**ら**	
保健所	54				
保健センター	54	夜間保育	57	ライン引き	62
母子家庭	54				

り

リスク	62
リスニングスキル	62
リズム	63
リズムあそび	63
リズム感	63
リトミック	63
療育	64
両手握力	64
リングうんてい	64
リング登り	64

れ

レディネス	65
レールうんてい	65
連合あそび	65
連合運動会	65

ろ

ロープはしご	65
ロープ渡りⅠ	66
ロープ渡りⅡ	66
ろく木	66

わ

ワニ歩き	66
わらべうた	66

編著者

前橋　明
まえはし　あきら

日本幼児体育学会　会長
早稲田大学人間科学学術院　教授／医学博士
専門：子どもの健康福祉学、幼児体育、健康教育

編集幹事

森田清美（東北文化学園大学　講師）
もりた きよみ

石井浩子（京都ノートルダム女子大学　准教授）
いしい ひろこ

安達励人（倉敷市立短期大学　教授）
あ だちれい と

五味葉子（早稲田大学大学院前橋研究室）
ご み ようこ

執筆者

浅川和美
日本幼児体育学会 理事
山梨大学医学部 教授
専門：生活科学一般、基礎看護学

池谷仁志
日本幼児体育学会専門指導員
さわだスポーツクラブ
専門：幼児体育

生形直也
日本幼児体育学会 理事
すこやかキッズ体力研究会 事務局長
専門：測定・評価

鍛治則世
園田学園女子大学人間教育学部 准教授
専門：幼児体育、体育科指導法

片岡正幸
日本幼児体育学会 専門指導員
専門：幼児教育、幼児体育

楠 美代子
日本キッズヨガ協会代表理事
専門：子どもヨガ教育

佐野裕子
聖徳大学児童学部 准教授
専門：幼児教育

ジャクエツ環境事業

田中 光
日本幼児体育学会 理事
流通経済大学社会学部 教授
専門：幼児体育、子どもの生活習慣、
　　　器械運動、体操競技コーチング

永井伸人
日本幼児体育学会 理事、資格認定委
員長
國學院高等学校 教諭
専門：幼児体育

中嶋弘二
尚絅大学短期大学部 准教授
専門：幼少児健康教育

橋本佐由理
筑波大学 准教授
専門：健康行動科学、ヘルスカウン
　　　セリング学、ストレス科学

松原敬子
日本幼児体育学会 理事、専門指導員
植草学園短期大学 准教授
専門：幼児体育、レクリエーション

<ruby>本保<rt>もとやす</rt></ruby> <ruby>恭子<rt>きょうこ</rt></ruby>

日本幼児体育学会 理事
ノートルダム清心女子大学人間生活
学部 教授
専門：治療教育学

<ruby>廣中栄雄<rt>ひろなかひでお</rt></ruby>

学校法人曽野学園 曽野幼稚園・曽野
第二幼稚園
専門：幼児教育

<ruby>森<rt>もり</rt></ruby> <ruby>博史<rt>ひろし</rt></ruby>

日本幼児体育学会 理事
岡山理科大学理学部 准教授
専門：生涯スポーツ、健康の科学、感染症

<ruby>吉村眞由美<rt>よしむらまゆみ</rt></ruby>

早稲田大学人間科学学術院人間総合
研究センター 研究員
専門：靴教育

■編著者紹介

前橋　明（まえはし　あきら）

米国ミズーリー大学大学院で修士（教育学）、岡山大学医学部で博士（医学）。倉敷市立短期大学教授、米国ミズーリー大学客員研究員、米国バーモント大学客員教授を経て、現在、早稲田大学人間科学学術院教授。

受賞　1992年　米国ミズーリー州カンサスシティー名誉市民賞受賞
　　　1998年　日本保育学会研究奨励賞受賞
　　　2002年　日本幼少児健康教育学会功労賞受賞
　　　2008年　日本幼少児健康教育学会優秀論文賞受賞
　　　2008年　日本保育園保健学会保育保健賞受賞

主な著書は、「健康福祉科学からの児童福祉論」（チャイルド本社）、「0〜5歳児の運動あそび指導百科」、「ふれあいあそび大集合」（ひかりのくに）、「生活リズム向上大作戦」、「乳幼児の健康」（大学教育出版）、「幼児体育 — 理論と実践 —」（日本幼児体育学会）、「輝く子どもの未来づくり」（明研図書）、「最新健康科学概論」「健康福祉学概論」（朝倉書店）など。

研究では、乳幼児期からの睡眠時間や朝食・排便、体温、運動量などを、体系的に調査・測定・分析することにより、子どもたちの抱える心身の問題とその原因を明確にしていく。赤ちゃんからお年寄りまで、障害をもつ・もたないにかかわらず、だれもが心身ともに健やかな状態で、いきいきとした暮らしが実現できるような社会のしくみづくりを模索中。

社会活動では、NHK・Eテレ「10min. ボックス」朝ごはんって大事なの？（2012.11）、NHK教育・Eテレ「すくすく子育て」子どもの体力、（2013.8）、NHK教育・Eテレ「すくすく子育て」習い事（2013.11）、NHK総合テレビ・Eテレ「視点・論点」早寝、早起き、朝ごはん、プラス運動（2015.1）で、啓発活動を展開中。

幼児体育用語辞典

2015年5月30日　初版第1刷発行

■監　修　者───日本幼児体育学会
■編　著　者───前橋　明
■発　行　者───佐藤　守
■発　行　所───株式会社 **大学教育出版**
　　　　　　　　〒 700-0953　岡山市南区西市 855-4
　　　　　　　　電話（086）244-1268　FAX（086）246-0294
■印刷製本───モリモト印刷

© Akira MAEHASHI 2015, Printed in Japan

検印省略　　　落丁・乱丁本はお取り替えいたします。
本書のコピー・スキャン・デジタル化等の無断複製は著作権法上での例外を除き禁じられています。
本書を代行業者等の第三者に依頼してスキャンやデジタル化することは、たとえ個人や家庭内での利用でも著作権法違反です。
ISBN978-4-86429-378-5